Fabricador
de instrumentos de trabalho,
de habitações,
de culturas e sociedades,
o homem é também
agente transformador
da história.
Mas qual será o lugar
do homem na história
e o da história na vida
do homem?

# LUGAR DA HISTÓRIA

1. A NOVA HISTÓRIA, Jacques Le Goff, Le Roy Ladurie, Georges Duby e outros
2. PARA UMA HISTÓRIA ANTROPOLÓGICA, W. G. I., Randles, Nathan Wachtel e outros
3. A CONCEPÇÃO MARXISTA DA HISTÓRIA, Helmut Fleischer
4. SENHORIO E FEUDALIDADE NA IDADE MÉDIA, Guy Fourquin
5. EXPLICAR O FASCISMO, Renzo de Felice
6. A SOCIEDADE FEUDAL, Marc Bloch
7. O FIM DO MUNDO ANTIGO E O PRINCÍPIO DA IDADE MÉDIA, Ferdinand Lot
8. O ANO MIL, Georges Duby
9. ZAPATA E A REVOLUÇÃO MEXICANA, John Womarck Jr.
10. HISTÓRIA DO CRISTIANISMO, Ambrogio Donini
11. A IGREJA E A EXPANSÃO IBÉRICA, C. R. Boxer
12. HISTÓRIA ECONÓMICA DO OCIDENTE MEDIEVAL, Guy Fouquin
13. GUIA DE HISTÓRIA UNIVERSAL, Jacques Herman
15. INTRODUÇÃO À ARQUEOLOGIA, Carl-Axel Moberg
16. A DECADÊNCIA DO IMPÉRIO DA PIMENTA, A. R. Disney
17. O FEUDALISMO, UM HORIZONTE TEÓRICO, Alain Guerreau
18. A ÍNDIA PORTUGUESA EM MEADOS DO SÉC. XVII, C. R. Boxer
19. REFLEXÕES SOBRE A HISTÓRIA, Jacques Le Goff
20. COMO SE ESCREVE A HISTÓRIA, Paul Veyne
21. HISTÓRIA ECONÓMICA DA EUROPA PRÉ-INDUSTRIAL, Carlo Cipolla
22. MONTAILLOU, CÁTAROS E CATÓLICOS NUMA ALDEIA FRANCESA (1294-1324), E. Le Roy Ladurie
23. OS GREGOS ANTIGOS, M. I. Finley
24. O MARAVILHOSO E O QUOTIDIANO NO OCIDENTE MEDIEVAL, Jacques Le Goff
25. INSTITUIÇÕES GREGAS, Claude Mossé
26. A REFORMA NA IDADE MÉDIA , Brenda Bolton
27. ECONOMIA E SOCIEDADE NA GRÉCIA ANTIGA, Michel Austin e Pierre Vidal Naquet
28. O TEATRO ANTIGO, Pierre Grimal
29. A REVOLUÇÃO INDUSTRIAL NA EUROPA DO SÉCULO XIX, Tom Kemp
30. O MUNDO HELENÍSTICO, Pierre Lévêque
31. ACREDITARAM OS GREGOS NOS SEUS MITOS?, Paul Veyne
32. ECONOMIA RURAL E VIDA NO CAMPO NO OCIDENTE MEDIEVAL, (Vol. I), Geoges Duby
33. OUTONO DA IDADE MÉDIA, OU PRIMAVERA DOS NOVOS TEMPOS?, Phillippe Wolff
34. A CIVILIZAÇÃO ROMANA, Pierre Grimal
35. ECONOMIA RURAL E VIDA NO CAMPO NO OCIDENTE MEDIEVAL (Vol. II), Geoges Duby
36. PENSAR A REVOLUÇÃO FRANCESA, François Furet
37. A GRÉCIA ARCAICA DE HOMERO A ÉSQUILO (Séculos VIII-VI a. c.), Claude Mossé
38. ENSAIOS DE EGO-HISTÓRIA, Pierre Nora, Maurice Agulhon, Pierre Chaunu, Georges Duby, Raoul Girardet, Jacques Le Goff, Michelle Perrot, René Remond
39. ASPECTOS DA ANTIGUIDADE, Moses I. Finley
40. A CRISTANDADE NO OCIDENTE 1400-1700, John Bossy
41. AS PRIMEIRAS CIVILIZAÇÕES – I OS IMPÉRIOS DO BRONZE, Pierre Lévêque
42. AS PRIMEIRAS CIVILIZAÇÕES – II A MESOPOTÂNIA / OS HITITAS, Pierre Lévêque
43. AS PRIMEIRAS CIVILIZAÇÕES – III OS INDO-EUROPEUS E OS SEMITAS, Pierre Lévêque
44. O FRUTO PROIBIDO, Marcel Bernos, Charles de la Roncière, Jean Guyon, Philipe Lécrivain
45. AS MÁQUINAS DO TEMPO, Carlo M. Cipolla
46. HISTÓRIA DA PRIMEIRA GUERRA MUNDIAL 1914-1918, Marc Ferro
47. A GRÉCIA ANTIGA, José Ribeiro Ferreira
48. A SOCIEDADE ROMANA, Paul Veyne
49. O TEMPO DAS REFORMAS (1250-1550) – Vol. I, Pierre Chaunu
50. O TEMPO DAS REFORMAS (1250-1550) – Vol. II, Pierre Chaunu
51. INTRODUÇÃO AO ESTUDO DA HISTÓRIA ECONÓMICA, Carlo M. Cipolla
52. POLÍTICA NO MUNDO ANTIGO, M. I. Finley
53. O SÉCULO DE AUGUSTO, Pierre Grimal
54. O CIDADÃO NA GRÉCIA ANTIGA, Claude Mossé
55. O IMPÉRIO ROMANO, Pierre Grimal
56. A TRAGÉDIA GREGA, Jacqueline de Romilly
57. HISTÓRIA E MEMÓRIA – Vol. I, Jacques Le Goff
58. HISTÓRIA E MEMÓRIA – Vol. II, Jacques Le Goff
59. HOMERO, Jacqueline de Romilly
60. A IGREJA NO OCIDENTE, Mireille Baumgartner
61. AS CIDADES ROMANAS, Pierre Grimal
62. A CIVILIZAÇÃO GREGA, François Chamoux
63. A CIVILIZAÇÃO DO RENASCIMENTO, Jean Delumeau
64. A GRÉCIA ANTIGA, José Ribeiro Ferreira
65. A DESCOBERTA DE ÁFRICA, organizado por Catherine Coquery-Vidrovitch

# A DESCOBERTA
# DE ÁFRICA

Título original:
*La découverte de l'Afrique*

© L'Harmattan, 2003

Tradução: Isabel Braga

Capa de José Manuel Reis

Depósito Legal nº 216961/04

1ª edição: 1981
2ª edição: 2004

ISBN: 972-44-1201-6
ISBN da 1ª edição: 972-44-0170-7
Publicado inicialmente na colecção
«Biblioteca de Estudos Africanos», com o n.º 5

Direitos reservados para Língua Portuguesa por Edições 70

Impressão, paginação e acabamento:
MANUEL A. PACHECO, LDA.
para
EDIÇÕES 70, LDA.
Outubro 2004

EDIÇÕES 70, Lda.
Rua Luciano Cordeiro, 123 – 2º Esqº - 1069-157 Lisboa /Portugal
Telefs.: 213190240 – Fax: 213190249
e-mail: edi.70@mail.telepac.pt

---

**www.edicoes70.pt**

---

Esta obra está protegida pela lei. Não pode ser reproduzida,
no todo ou em parte, qualquer que seja o modo utilizado,
incluindo fotocópia e xerocópia, sem prévia autorização do Editor.
Qualquer transgressão à lei dos Direitos de Autor será passível
de procedimento judicial.

ORGANIZADO por
# Catherine Coquery-Vidrovitch

# A DESCOBERTA DE ÁFRICA

edições 70

# UM CONTINENTE A DESCOBRIR

*Isolada do mundo mediterrânico pela temível barreira do Sara, entre o oceano Atlântico e o oceano Índico, a África Negra permaneceu durante muito tempo envolta em mistério.*

*A influência das civilizações estrangeiras, precária e episódica, só se fez sentir de forma perdurável numa estreita faixa litoral: nas margens dos oceanos e do deserto. Nunca atingiu o mundo negro, cujas civilizações se desenvolveram longe da costa, no coração do continente.*

*A mais antiga cultura negra, a das Figurinhas de Nok, que se desenvolveu no planalto da Nigéria Central, entre o Níger e o Benué, no começo da nossa era, permaneceu ignorada até 1931 ([1]); esta civilização de transição entre a pedra e os metais, célebre pelas suas graciosas estátuas de terracota, a que progressivamente foram misturando o ferro, precedeu a eclosão da extraordinária civilização dos Construtores de Pedra, esquecidos até ao fim do século passado, que deixaram os vestígios da sua arte monumental nos altos planaltos da África Austral, entre os séculos XV e XVIII da nossa era; esses povos exportavam ouro através de Sofala. Mas tiveram poucos contactos com os povos do Atlântico ou do oceano Índico; nenhum habitante da costa visitava aqueles lugares, com excepção de alguns comerciantes africanos ou árabes, que não deixaram qualquer relato das suas viagens.*

*Foi também no centro do continente que se desenvolveram os impérios sudaneses do Oeste africano descritos pelos geógrafos árabes: Gana, Mali, reino de Tombuctu...; mas recentemente, os Fulas, afastando-se do litoral, fundaram, no século XIX, no maciço do Futa Djalon, no Futa Toro e no Macina, os seus poderosos impérios*

---

([1]) Consultar o mapa da página 182 para a localização dos nomes dos lugares citados na obra.

*guerreiros. A verdade é que enquanto os estrangeiros não penetraram profundamente no interior da África, os africanos não se abriram ao resto do mundo: os árabes do Mediterrâneo e do mar Vermelho, os chineses e os malaios do oceano Índico, os europeus do Atlântico é que foram ao encontro desse mundo desconhecido; tudo leva a crer, em contrapartida, que os africanos nunca renunciaram à posse da sua terra; durante séculos, os africanos, os milhões de africanos (pelo menos vinte, mais provavelmente cinquenta, talvez até cem milhões) que foram expulsos das suas terras, foram-no sob a ameaça e o horror de uma escravatura sangrenta que esgotou os povos e arruinou os impérios.*

*Porquê este isolamento? É costume atribuí-lo à Natureza hostil: só o progresso das técnicas permitiu vencer a barreira do Sara e dos oceanos. Este continente maciço, superfície continental em peneplanície, com relevo, sobretudo junto à costa, oferecia aos povos africanos a imensidade das suas depressões ou dos seus lagos interiores – depressões do Níger, do Chade e do Congo e meseta africana oriental –, onde as distâncias enormes, a majestade dos grandes rios entrecortados de rápidos ou a espessura da vegetação constituíam obstáculos ao acesso das costas hostis, distanciadas quase 2000 km do centro e antecedidas por uma faixa perigosa, em que o clima era mais insalubre e a floresta mais impenetrável. Repulsiva e inabordável, a África apenas podia dar origem a impérios interiores, com excepção das cidades da fachada índica ou dos reinos da costa da Guiné, que, sem dúvida, ficaram a dever o seu desenvolvimento localizado a uma conjuntura histórica excepcional (dinamismo do comércio árabe ou chegada dos Portugueses).*

*Aventureiros audaciosos, mercadores ávidos, sábios obstinados esforçaram-se sempre por ultrapassar os limites deste continente negro fechado sobre si próprio; os sonhos desses homens, feitos à medida da sua ignorância, atribuíam àquele mundo desconhecido riquezas fabulosas: marfim, ouro, pedras preciosas; o reino do Preste João e o império do Monomotapa fascinaram durante muito tempo as imaginações. Foi, todavia, num mapa quase em branco que as potências mundiais, ignorando de igual modo as culturas, as etnias e o relevo, desenharam, no século passado, em traços tão enérgicos como infelizes, as fronteiras por vezes absurdas das suas colónias, essas «fatias de mistério... que elas se permitiam desvendar em nome da civilização»* [2].

---

[2] R. Delavignette, «Décalages entre la Colonisation et la Connaissance», *Études Maghrébines*, Mélanges Ch. A. Julien, Paris, 1964, p. 1.

## As fontes

Durante séculos, das origens da História à revolução industrial – que determinou a investida decisiva dos europeus e a que se seguiu o advento da África Negra e da qual nasceu a África moderna –, foi possível coligir numerosos textos, por vezes pouco verdadeiros ou de expressão infeliz, cheios de preconceitos, mas sempre instrutivos, até pelo que representavam da mentalidade dos descobridores, que permitiram fazer o ponto dos conhecimentos acerca da África nas vésperas do surto dos imperialismos e da era colonial.

Os documentos que apresentamos não são, na sua maior parte, fontes inéditas; os raros viajantes que enfrentaram a África, no fito do lucro ou em nome da ciência, trataram, primordialmente, de com isso obter proveito e glória pessoal. No entanto, a antiguidade, ou a erudição dessas publicações, muitas vezes raras e preciosas, faz com que só alguns privilegiados altamente especializados tenham acesso a elas: por isso, não nos pareceu inútil desenterrar alguns desses textos, dos quais fazemos, no fim da obra, uma lista tão completa quanto possível. Não que não tenhamos reservado lugar a alguns inéditos; mas, salvo descobertas inesperadas, já não existem inéditos que se refiram à Antiguidade ou à Alta Idade Média; os documentos de arquivos – pelo menos no Ocidente – nada revelam sobre a África anterior ao século XVI.

No que respeita à crítica das fontes apresentadas, ela revela-se ainda mais difícil, porque não conhecemos nada dos autores cujos escritos nos foram transmitidos ao longo de séculos; o historiador deve ter em conta a referência à história geral, a comparação com um contexto já conhecido e também o estudo do tom – ingénuo e sincero ou indevidamente lisonjeiro e panfletário – ou até do estilo – que, por vezes, ajuda a determinar o carácter apócrifo de certos documentos.

Citamos, apenas a título de informação, os antigos historiadores ou geógrafos de qualidade (tais como Heródoto ou Ptolomeu) ou os compiladores conscienciosos que só conheceram a África através de relatos que ouviram de terceiros. Em contrapartida, os geógrafos árabes, Mas'udi do século X, Al-Bakri do século XI, Idrisi do século XII, Ibn Batuta, Al'Omari ou Ibn Caldune do século XIV, Leão, o Africano, do século XVI ([3]) – com os quais estamos familiarizados devido à vaga de

---

([3]) O próprio Leão, o Africano, traduziu a sua obra em italiano.

*traduções com que nos submergiram, entre outros, os especialistas de árabe do século XIX , foram bons observadores e compiladores hábeis: o carácter único, insubstituível do seu testemunho confere-lhes um valor inestimável.*

*Na época das grandes descobertas, os exploradores portugueses deixaram relatos cheios de frescura, cuja veracidade é garantida pelos cientistas e pelos numerosos mercadores que financiavam as expedições, uma vez que estes não tolerariam ser enganados por aqueles de quem esperavam os relatórios para organizar a descoberta ou expandir o comércio. Há ainda que ressalvar, nos relatos de certos cronistas, as lisonjas do cortesão ou o zelo religioso que facilmente adulteravam as realidades africanas: é mais que certo, por exemplo, que Eanes de Zurara, panegirista do Infante D.* Henrique, o Navegador, *tenha exagerado o papel deste, ou que o humanista italiano Filippo Pigafetta, ao traçar um quadro idílico do reino cristão do Congo, tivesse como objectivo agradar às ambições do papa Sisto V.*

*A partir do século XVII, graças aos progressos das descobertas e da navegação, as viagens e, consequentemente, os relatos, multiplicaram--se. Contudo, e esse é um dos maiores paradoxos da história da África, os tempos modernos, os mais próximos da história colonial propriamente dita, são a época acerca da qual menos se sabe: «Os séculos obscuros» (*[4]*), «três séculos de letargia» (*[5]*), «as horas sombrias» (*[6]*)... são os termos reveladores com que os historiadores contemporâneos, nas suas obras, designam este período desprezado. Efectivamente, nesta era de expansão comercial, os relatos ou os relatórios dos agentes de feitorias permaneceram, durante muito tempo, inéditos ou confidenciais; além disso, num tempo em que a «imitação» estava na moda, corremos o risco de nos encontrar perante uma falsificação: a falta de rigor das localizações geográficas permite, por exemplo, duvidar às vezes do testemunho do padre Barreira, jesuíta de passagem pela Guiné em 1609; as ambições coloniais de Colbert estiveram na origem do panfleto político de Villault de Bellefonds, que pretendia demonstrar a prioridade das expedições à costa da Guiné organizadas em Diepa, no século XIV; por fim, o êxito demonstrado nas múltiplas reedições da descrição imaginária de um Estado imaginário, situado no coração do Sara e revelado por uma suposta ví-*

---

([4]) L. C. D. Joos, *Brève histoire de l'Afrique Noire*, Paris, 1961, p. 89.

([5]) B. de Vaulx, *En Afrique, 5000 ans d'exploration*, Paris, 1960, p. 79.

([6]) R. e M. Cornevin, *Histoire de l'Afrique*, Paris, 1964, p. 207.

*tima da Inquisição ([7]), da autoria de um filósofo do século XVIII, faz-nos recear outras tentativas menos facilmente detectáveis.*

No entanto, muitas obras – tratados de geógrafos do século XVII, relatos de missionários, de inúmeros mercadores negreiros ou, mais tarde, dos antiesclavagistas – caíram injustamente no esquecimento, vítimas talvez da abundância relativa de textos análogos; uma pesquisa atenta permitiu-nos «redescobrir» alguns.

Não pretendemos apresentar, numa obra tão pequena como esta, por muito resumidamente que o façamos, a totalidade desses documentos; desta massa enorme de fontes de valor desigual, que por vezes se devem à pena de excelentes observadores ou de geógrafos eruditos, mas foram também muitas vezes redigidas por aventureiros ou mercadores mais preocupados com o lucro do que com o estilo ou o rigor científico, extraímos passagens cujo valor literário ou interesse histórico e geográfico contrastam com a monotonia de outras descrições ou com a banalidade de um «exotismo» rebuscado.

A maior parte dos textos originais ou traduzidos foram modernizados, a fim de tornar a sua leitura mais fácil. Dentro do mesmo espírito, preferimos não assinalar os cortes de que foram objecto certos relatos medievais ou modernos, cujos autores se revelam por vezes de uma verbosidade inútil; apresentamos alguns textos que nunca tinham sido traduzidos; preferimos, no que se refere a outros, porque fizemos uma escolha muito variada e procedemos a vários cortes, referir-nos à obra original e não às traduções já existentes, que, aliás, citamos em apêndice, havendo algumas excelentes. Finalmente, procurámos conservar, nesses excertos, o carácter da época, sem o qual eles perderiam muito do seu interesse e até do seu encanto.

## A África tropical atlântica

Estes relatos, que os séculos nos transmitiram com toda a sua frescura e vida, permitiram-nos detectar certos aspectos significativos da descoberta pré-colonial; pareceu-nos acertado dirigir os nossos esforços para a África que nos fica mais próxima e que, no entanto, permaneceu longínqua durante tanto tempo: a África tropical atlântica.

---

([7]) Gaudentio de Lucques, *Mémoire où il instruit l'Inquisition d'un pays inconnu situé en Afrique*, Paris, 1746 (1.ª edição).

*Maciça e bem delimitada entre o Sara, o Atlântico e a floresta do Congo, a África Negra Ocidental apresenta a vantagem de formar um complexo tão atraente como isolado: acessível simultaneamente pelo interior do Sara e pela via marítima, foi sempre o domínio privilegiado das descobertas, o que não sucedeu com a costa oriental; esta, que prosperou na Idade Média, em breve foi abandonada e substituída pela rota das Índias, com excepção do reino cristão da Etiópia ou da zona aurífera do Zambeze.*

*Por isso, é em relação ao Oeste africano que as fontes são mais abundantes; porque essa região, durante muito tempo a mais povoada da África, onde se situaram os impérios mais prósperos, foi também aquela cujos povos os viajantes melhor descreveram, cujas culturas conheceram mais de perto; mas, pelas mesmas razões, a fatalidade dessa região de história agitada – onde as rivalidades estrangeiras se defrontaram ferozmente – foi, desde sempre, a de ser colonizada antes de ser conhecida.*

## A sucessão dos descobridores

*O plano desta obra obedece a alguns grandes períodos facilmente detectáveis:*

A Antiguidade *apresenta um balanço negativo. Embora a África fosse o berço de uma das mais antigas civilizações do mundo, nem o Egipto nem Cartago parecem ter conhecido o continente negro, e os Romanos nunca se internaram profundamente no deserto. Os antigos consideravam a África ao sul do Sara como uma região estranha e rica, mas aterradora e maléfica; a sua herança mais não fez que acentuar o obscurantismo da Idade Média cristã, que desconfiava naturalmente desse mundo pagão; até ao século IX da nossa era, o deserto foi para a África «branca» mediterránica um obstáculo tão temível como as tempestades do Atlântico.*

*Os Árabes, mais felizes, atingiram o Níger. Intensificaram a utilização das rotas das antigas caravanas, episodicamente utilizadas desde os tempos pré-históricos; a sua penetração esteve ligada ao incremento das trocas comerciais de ouro do Sudão por sal do deserto; quanto à costa oriental, mais conhecida dos marinheiros chineses, esta constituiu, durante a Idade Média, um dos centros mais prósperos do comércio árabe no oceano Índico.*

*O Islão progrediu lentamente em direcção ao sul até alcançar o triunfo na costa da Guiné, no século passado; a sua expansão, ao mesmo tempo que favoreceu os poderosos impérios sudaneses, provou a aptidão dos africanos para assimilar e adoptar as grandes correntes das ideias contemporâneas: foi entre 800 e 1300, na época em que a civilização muçulmana proporcionava a eclosão de uma cultura sem rival no domínio das artes, das ciências ou da política, que se desenvolveram alguns dos maiores Estados negros progressivamente islamizados: Gana, Mali, Songai.*

*Mas ninguém aportou à costa da Guiné antes dos Portugueses no século XV (a existência de alguns documentos apócrifos incontroláveis não é o bastante para estabelecer a dúvida). A sua chegada alterou as trocas tradicionais e, consequentemente, a configuração dos impérios e a estrutura do poder.*

*Claro que existiam já, no interior da floresta, Estados organizados, o mais perfeito dos quais era, no século XIII, o reino de Ifé, herdeiro da civilização de Nok, centro de expansão das cidades iorubas, a mais célebre das quais – Benim, que os Portugueses conheciam – subsistiu até ao século XVIII. A deslocação para o Sul das civilizações negras correspondeu, em primeiro lugar, à propagação do comércio sudanês: o Mali, para satisfazer as exigências crescentes do mercado do Magrebe, ia procurar, cada vez mais para sul, o ouro, o marfim e as nozes de cola que trocava por sal, cavalos, cobre ou cauris, conchas do oceano Índico transportadas através do Egipto e que serviam de moeda em todo o Oeste africano.*

*Mas a aparição dos Portugueses inverteu as correntes comerciais, que doravante se dirigiam para o Sul: os centros de riqueza passaram a deslocar-se do Sudão para a costa.*

*Do século XVI ao século XVIII, foram-se organizando progressivamente as trocas entre os europeus e os africanos da zona guineense, ainda pouco povoada e produtiva: as únicas riquezas que essa região deserdada oferecia eram o ouro e, sobretudo, os homens: os navios só se aproximavam da costa para fazer carregamentos de escravos destinados a alimentar o famoso comércio triangular entre a Europa, a África e a América. Este comércio, de técnicas muito especiais, em que os traficantes, indiferentes às fontes vivas das culturas africanas, apenas viam no homem negro uma simples mercadoria, contribuiu para manter, e mesmo para reforçar, o isolamento do continente; os estrangeiros, pouco numerosos, ocupavam feitorias fortificadas dispersas pela costa e recolhiam (por conta de poderosas companhias privilegiadas ou de fornecedores especializados) produtos fornecidos por tribos intermediárias igualmente ciosas do seu monopólio; os traficantes negros, que usufruíam grandes lucros neste tráfico, preocupavam-se efectivamente em impedir que os camponeses do interior, a quem exploravam e pilhavam, estabelecessem contacto directo com os invasores; com excepção do Daomé, sólido reino guerreiro que estendeu os seus limites até à costa desde 1727, a revolta dos povos do interior só no século XIX acabou com os intermediários, prova de que a penetração estrangeira só então começava a afirmar-se, ao passo que a mira do lucro e as novas correntes de troca determinavam, pouco a pouco, as grandes migrações em direcção ao litoral sudoeste: os Peules até ao Senegal, os Fang até à costa do Gabão.*

*Foi preciso esperar até ao fim do Século das Luzes para que o sistema esclavagista fosse abalado pela acção conjugada dos filantropos, dos progressos da ciência e da revolução industrial que aumentou e transformou as necessidades da Europa. Surgiram, nessa altura, novas relações de força que modificaram o destino da África Negra, que permanecera, até então, mau grado certos esforços, raras tentativas dos missionários ou algumas investidas ousadas em direcção ao interior, uma terra de escalas e de escravos.*

# 1. A ANTIGUIDADE
# OU A ÁFRICA DESCONHECIDA

## Os Egípcios

*A Antiguidade desconhecia praticamente a África Negra.*

*O continente africano constituiu o berço de uma das mais antigas civilizações do mundo, mas o Egipto ignorou, ao que parece, a existência de povos radicados para além do Sara. Embora nas origens da sua história, por volta do IV milénio a. C., a desertificação não fosse, sem dúvida, tão completa como hoje – os sítios com água eram mais numerosos, a fauna ainda abundante –, nada permite afirmar que essa barreira alguma vez tivesse sido transposta.*

*No entanto, seria um erro pensar que o Egipto se desinteressou do continente e dirigiu as suas atenções exclusivamente para o mundo mediterrânico: é claro que os faraós tiveram a preocupação constante de proteger a sua fronteira mais vulnerável, a do nordeste: mantendo sempre os olhos fixos no Sinai e, mais longe ainda, na Síria e na Palestina, esforçaram-se por conservar o domínio da passagem-chave do istmo do Suez, rota das migrações e das invasões.*

*Mas a penetração em direcção ao Sul, à Núbia e à Etiópia, foi outra constante da sua história: desde o III milénio que as minas de ouro da Núbia e as madeiras africanas lhes despertaram a cobiça; a partir de 1952 a. C., Sesóstris I, o grande responsável pela expansão do Império Médio, estendeu o seu domínio aos povos negróides de Cuxe ([1]), aos quais impôs o pagamento de um tributo. As trocas económicas e culturais nunca mais cessaram desde então; uma série de inscrições rupestres e um grande número de crónicas de reis ou de personagens importantes que os rodeavam permitem apreciar a amplitude deste imperialismo que, aliás, nem sempre se exerceu no mesmo sentido: a*

---

([1]) Região de Cuxe: a actual Núbia, no Sudão Setentrional.

*dinastia cuxita de Napata, aproveitando a decadência do Império, conseguiu, por sua vez, no século VIII a. C., dominar o Egipto inteiro, dando origem à XXV dinastia.*

*O poderio de Cuxe favoreceu o avanço, em direcção ao Sul, das correntes comerciais: dois séculos mais tarde elas atingiram Méroe, para lá da quinta catarata; o desenvolvimento deste império, tão prodigioso como rodeado de mistério, esteve ligado ao da metalurgia do ferro, matéria em que era tão rico quanto o Egipto era pobre. Méroe, a «Birmingham da África Central», que deu origem à Idade do Ferro no continente negro, assegurou a disseminação das influências egípcias pelo resto da África.*

*Mas nunca houve contacto directo entre o mundo egípcio e a África Central ou Ocidental: o Egipto olhou muitas vezes para o Sul, mas nunca para o Sudoeste; por isso, a tese da origem «egípcia» das civilizações da África Negra permanece tão ousada como incerta.*

## A barreira intransponível

*O obstáculo do Sara nunca foi vencido ou foi-o tão raramente que tal façanha permaneceu dentro dos limites da fábula. Apenas um eco tardio chegou até nós, o de Heródoto, no século V a. C.:*

Conhece-se, portanto, o curso do Nilo até uma distância de quatro meses de navegação ou de marcha para além da parte do seu curso que se encontra dentro das fronteiras do Egipto... Ele nasce na região da tarde e do poente. Ninguém pode atrever-se a afirmar o que se encontra para além disso; porque, devido ao calor, a região é deserta.

Eis, no entanto, o que ouvi dizer aos Cireneus que, tendo ido consultar o oráculo de Júpiter Ámon, contactaram com Etearco, rei do país... Etearco contou-lhes que recebera um dia a visita de Nasamons (povo líbio que vive na margem dos Sirtes)... eles disseram que entre o seu povo havia alguns jovens viris e audaciosos, filhos de nobres, que, entre outras empresas singulares, planearam escolher à sorte cinco de entre eles para irem explorar o deserto da Líbia e chegar até onde ninguém antes deles conseguira chegar. Pois a extremidade da África que a limita ao norte, entre o Egipto e o cabo Soloeis, é habitada de uma ponta à outra, mas, no interior, a África é povoada por animais selvagens; para além da zona das feras, apenas existe areia, uma terrível secura, o deserto total.

Assim, os jovens, providos de sólidas reservas de água e víveres, atravessaram em primeiro lugar a região habitada; depois atingiram a dos animais selvagens; caminharam em seguida através do deserto, em direcção ao oeste. Após palmilharem grandes extensões de areia durante muitos dias, viram finalmente árvores plantadas numa planície; aproximaram-se e começaram a colher-lhes os frutos, mas, enquanto o faziam, foram atacados por homens pequenos, de uma altura inferior à média: esses homens capturaram-nos e levaram-nos consigo; os Nasamons não percebiam nada da língua deles nem os assaltantes entendiam a dos Nasamons. Foram arrastados através de vastos pânta-nos e depois chegaram a uma cidade em que todos os homens, da mesma estatura dos raptores, eram negros. A cidade estendia-se na margem de um grande rio que vinha do poente e corria em direcção ao levante: nele existiam crocodilos. Etearco pensava que se tratava do Nilo *[o Níger?]*. Com efeito, o Nilo nasce na África, que divide ao meio... mas ninguém pode falar das nascentes do Nilo, porque a África que ele atravessa é deserta e desabitada ([2]).

## O périplo de Necau (cerca de 600 a. C.)

> *Os Egípcios só conheciam a existência de uma rota terrestre por terem ouvido falar dela, mas, vinte séculos antes dos Portugueses, esse povo admirável esteve na origem do primeiro périplo realizado em volta da África.*
> *O faraó Necau II, do século VI a. C., foi um soberano audacioso e enérgico que, face à expansão dos povos mediterrânicos, se preocupou em alargar o horizonte económi-co do seu país. Após empreender a reconstrução do canal que ligou o Nilo ao mar Vermelho, não hesitou em utilizar os tradicionais conhecimentos náuticos dos Fenícios:*

É evidente que a África está cercada pelo mar, *continua Heródoto (IV, 42),* à excepção do lado pelo qual confina com a Ásia. Necau, rei do Egipto, foi, tanto quanto sabemos, o primeiro a demonstrá-lo... Ordenou aos Fenícios que partissem nos seus barcos e voltassem pelas Colunas de Hércules *[estreito de Gibraltar],* no mar Mediterrâneo, regressando desse modo ao Egipto.

---

([2]) Heródoto, *História*, II, 31-32-33.

Os Fenícios embarcaram, pois, no mar Eritreu [mar Vermelho], e navegaram no mar Austral. No Outono, acostavam no lugar de África onde tinham chegado e semeavam trigo. Em seguida, esperavam pelo tempo da ceifa e após a colheita voltavam a fazer-se ao mar. Depois de viajarem assim durante dois anos, atravessaram no terceiro ano as Colunas de Hércules, regressando ao Egipto. Contaram à chegada que, enquanto navegavam em redor da África, tinham o Sol à sua direita. É difícil acreditar que isto seja verdade, mas talvez haja quem pense de maneira diferente.

> *Esta preciosa observação astronómica permite crer na autenticidade desta viagem pelo hemisfério sul. Mas a façanha era prematura; não alcançou quaisquer repercussões no mundo antigo; talvez se tivessem realizado outras tentativas coroadas de êxito; os textos que chegaram até nós são demasiado fragmentários e pobres para nos servirem de ajuda:*

Os Cartagineses afirmam que, depois dessa época [da expedição de Necau], Sataspe, filho de Téapsis, da raça dos Acménidas, recebera ordens para realizar a volta à África, mas não a acabou. Desanimado com as distâncias intermináveis e assustado pelos desertos que encontrou no caminho, voltou para trás...([3])

Cornelius Nepos conta que, no seu tempo, um certo Eudoxo, que fugia do rei Ptolomeu Lathyre [117-21 a. C.], saiu do golfo Arábico e chegou até Cádis. Muito antes dele, Caelius Antipater afirma ter visto um marinheiro que realizara uma viagem da Espanha à Etiópia com objectivos comerciais ([4]).

## Os Cartagineses

*Os Egípcios tinham tentado a aventura ao longo da costa oriental; caberia aos Cartagineses, poderosa nação comercial, herdeira dos fenícios de Tiro, aventurar-se no temível oceano que se estendia para lá das Colunas de Hércules, em direcção ao Oeste. Na costa africana, ao longo do litoral do Marrocos, Cartago multiplicou as escalas, desde Lixus, a mais próspera porque a mais próxima do mundo mediterrânico, até Sala (Chela), Ruzibis (Mazagão) e Tamusiga (Mogador). Ter-se-iam os comerciantes arriscado mais a sul, na busca dos produtores de mar-*

---

([3]) Heródoto, IV, 43.
([4]) Plínio (século I d.C.), *História Natural*, II, 67; e Cornelius Nepos, *Fragmentos*, VII.

*fim, de prata e, sobretudo, do pó de ouro chegado aos entrepostos comerciais marroquinos? Pensou-se outrora que o périplo de Hanão, sufete de Cartago por volta do início do século V a. C., era disso a prova irrefutável; neste relato, que nos foi transmitido através de uma tradução grega do século seguinte, pretendeu-se reconhecer a descrição da costa ocidental da África, desde a ilha de Arguim e a foz do Senegal, até ao interior do golfo da Guiné. Mas as incoerências do texto deram origem a muitas interpretações contraditórias, incoerências que durante muito tempo se tentaram explicar pela preocupação dos Cartagineses em despistar eventuais concorrentes no campo do comércio. A verdade é que as mais recentes exegeses permitem duvidar que Hanão tenha alguma vez ultrapassado o cabo Juby, ao largo das Canárias, se é que a expedição se chegou a realizar: efectivamente, certos argumentos de ordem filológica suscitam grandes reservas quanto à autenticidade do relato, que não passaria de um vulgar exercício escolar.*

## O incerto périplo de Hanão

*Autêntico ou não, a publicação deste texto é útil porque ele se revela fértil em indicações dispersas, mas sugestivas ou pitorescas, e resume os conhecimentos sobre o Oeste africano de uma das maiores potências marítimas da época.*

Os Cartagineses decidiram que Hanão navegasse para além das Colunas de Hércules e aí fundasse cidades libofenícias *[púnicas]*. Eis a razão por que ele realizou essa viagem, à testa de uma frota de 60 navios de 50 remadores, que transportavam 30 000 homens e mulheres, víveres e mercadorias.

Depois de ultrapassarmos as Colunas de Hércules, navegámos durante dois dias e fundámos uma cidade a que demos o nome de Thymaterion *[Agadir?]* e que dominava uma vasta planície.

Daí partimos para oeste e aportámos junto do cabo líbio de Soloeis, coberto por densas florestas.

Nesse lugar, erguemos um templo a Neptuno e continuámos a nossa viagem em direcção a este. Meio dia depois chegámos a um lago situado perto do mar, onde cresciam altos juncos e junto do qual havia grande número de elefantes e outros animais ferozes.

Passámos para além desse lago ao cabo de um dia de marcha e povoámos com novos colonos as cidades do litoral: Karikon, Gytte, Acra, Mélita e Arambys.

Daí chegámos à foz do Lixus *[uede Draa?],* grande rio que vem do interior da Líbia. Os Lixitas, povo nómada, apascentavam os seus rebanhos nas margens desse rio. Travámos relações de amizade com esse povo, com quem passámos algum tempo.

Mais para o interior vivem os Etíopes, gente pouco hospitaleira que habita uma região pejada de animais selvagens e de altas montanhas, onde nasce o Lixus, segundo dizem. No meio dessas montanhas vivem homens de uma estrutura particular, chamados Trogloditas. Os Lixitas afirmavam que eles corriam mais depressa do que os cavalos.

Recrutámos intérpretes entre os Lixitas e, durante doze dias, dirigimo--nos para o sul, ao longo de litorais desertos; em seguida, navegámos durante um dia para este; nesse lugar, no interior de um golfo, descobrimos uma pequena ilha, com cinco estádios de perímetro, a que demos o nome de Cerné e onde fundámos uma colónia. Concluímos, a avaliar pela duração da viagem, que a ilha de Cerné está no local oposto a Cartago; efectivamente, o tempo de viagem de Cartago às Colunas de Hércules e daí a Cerné é o mesmo.

Desse lugar, após atravessarmos a foz de um grande rio chamado Chretes, chegámos a um lago onde havia três ilhas maiores que Cerné. Passámos para além dele e após um dia de navegação alcançámos a extremidade do lago, dominada por altas montanhas habitadas por homens selvagens, cobertos de peles de animais ferozes, que, ao verem--nos aproximar, nos lançaram pedras, impedindo-nos de desembarcar.

Continuando a viagem, encontrámos outro rio muito grande e muito largo, onde abundavam os crocodilos e os hipopótamos. Nessa altura voltámos para trás, regressando a Cerné.

Seguidamente, navegámos durante doze dias para sul, ao longo de um litoral habitado por etíopes que fugiram ao ver-nos. Os lixitas que nos acompanhavam não compreendiam a língua deles.

No último dia, desembarcámos no sopé de altas montanhas cobertas de bosques. As árvores eram de essências diversas e de uma madeira que cheirava bem.

Caminhámos ao longo dessas montanhas durante dois dias e chegá-mos a um golfo imenso no meio de uma planície. Durante a noite, avistámos fogueiras que brilhavam com intensidade variável.

Abastecemo-nos de água e, após contornarmos essa região durante cinco dias, entrámos num grande golfo que os intérpretes disseram chamar-se Corno do Poente. Nesse golfo existia uma vasta ilha: nessa ilha vimos um lago salgado dentro do qual havia outra ilha. Desembar-cámos aí e durante o dia apenas avistámos árvores; mas durante a noite avistámos grandes fogueiras e ouvimos um grande alarido de trompas e címbalos, a que se misturavam clamores. Nessa altura ficámos aterrados e os sacerdotes aconselharam-nos a abandonar a ilha.

Navegando a todo o pano, contornámos um litoral queimado que exalava doces perfumes, donde brotavam torrentes de fogo que se precipitavam no mar. Não conseguimos desembarcar por causa do calor.

Novamente aterrados, abandonámos aquele lugar a toda a pressa. Após quatro dias de navegação, vimos durante a noite uma terra em chamas. No meio, erguia-se uma coluna de fogo maior do que as outras e tão alta que perecia chegar ao céu. À luz do dia, avistámos naquele lugar um monte muito elevado de nome Theon Ochema, o Carro dos Deuses.

Durante três dias avançámos ao longo dessa costa ardente e por fim chegámos a um golfo chamado Corno do Sul. No fundo do golfo havia uma ilha semelhante àquela de que se falou atrás, pois continha um lago no meio do qual se erguia outra ilha povoada de homens selvagens. As mulheres, de corpo hediondo, eram mais numerosas do que os homens. Os Lixitas designavam-nos pelo nome de Gorilas.

Perseguimos os homens, mas não conseguimos apanhar nenhum, pois eles saltavam precipícios e lançavam-nos pedras enquanto fugiam. Capturámos três mulheres, que não queriam acompanhar-nos e morderam e arranharam os seus raptores. Matámo-las e tirámos-lhes a pele para levar para Cartago.

E demos por finda a nossa viagem, pois os víveres começavam a escassear ([5]).


## A Etiópia Ocidental

> *Desde o apogeu do império de Cartago que se conhece, sem sombra de dúvida, a existência de povos estranhos situados ao Sul da «África» (a África dos antigos ou África do Nordeste, desde a Argélia Oriental à Cirenaica) e até da «Líbia» (o resto da África conhecida): era a misteriosa Etiópia Ocidental, por oposição à Etiópia Oriental, cujo nome se manteve até aos nossos dias.*

No mar Exterior *[oceano Atlântico]* fica o país dos Etíopes Ocidentais, o qual, na sua maior parte, não passa de um deserto, povoado sobretudo por girafas, elefantes e *rhizes,* animais que, com a aparência

---

([5]) *Périplo de Hanão, rei dos Cartagineses* (século VI ou V a. C.).

exterior de touros, têm os hábitos, o tamanho e o ardor belicoso dos elefantes... Os Nigritas que habitam nas proximidades dos Etíopes Ocidentais são, tal como estes, exímios no uso do arco.

Mas a necessidade de atravessar numerosos desertos impediu que, até hoje, essas regiões fossem exploradas em toda a sua extensão; também nada se sabe·do que existe para além de Ámon *[o santuário de Ámon-Rá, oásis do actual deserto da Líbia]* e dos outros oásis até à Etiópia, nem conhecemos os verdadeiros limites da Etiópia e da Líbia do lado do oceano ([6]).

## Os Romanos

> *Foram os Romanos os primeiros a tentar a exploração da África interior: Cornelius Balbus, em 19 a. C., chegou a Fezânia e Suetónio Paulino, cerca de um século mais tarde, descobriu as proximidades do deserto:*

Suetónio Paulino, cônsul em 66 d. C., foi o primeiro general romano a ultrapassar o Atlas, numa distância considerável; ele conta que do outro lado, até se chegar a um rio de nome Ger *[ou Geir: uede Djeddi, no Sul constantinês]* se atravessam desertos de areia negra, no meio da qual se elevam, de quando em quando, rochedos com a aparência de queimados; que esses lugares são inabitáveis por causa do calor, mesmo no Inverno, e que teve a prova disso; que os que habitam as florestas vizinhas, povoadas de elefantes, animais ferozes e serpentes de toda a espécie, se chamam Canarianos, dado que vivem como cães e partilham com estes animais as entranhas das feras ([7]).

### Os Garamantes, pioneiros das rotas transarianas?

> *Se, em 70 d. C., Septimus Flaccus perseguiu até Fezânia os Garamantes que vieram pilhar as zonas vizinhas dos Sirtes (a actual Líbia), dezasseis anos mais tarde Julius Maternus, outro oficial romano, procurou aliar-se com os seus antigos adversários para combater os Etíopes, o que lhe permitiu atravessar*

---

([6]) Estrabão (século I a. C. - século I d.C.), *Geografia*, VII, 3.

([7]) Plínio, *História Natural*, Livro V.

*o deserto até à misteriosa região de Agizymba, «onde vivem os rinocerontes» ([8]).*

*Nada sabemos dos Garamantes, excepto que essa tribo de ladrões da Fezânia percorreu, sem dúvida, durante o 1.° milénio a. C., uma «rota dos carros» do Sara central, revelada pela existência de inúmeras figuras rupestres que indicam, desde as proximidades do Mediterrâneo até aos confins do Sudão, uma pista de caravanas utilizada até aos nossos dias:*

Os Garamantes, povo muito numeroso, caçam os Trogloditas – Etíopes; para isso, servem-se de carros de quatro cavalos: os Trogloditas são, com efeito, mais rápidos na corrida do que todos os povos de que ouvimos falar. Alimentam-se de serpentes, de lagartos e outros répteis; a língua que falam nada tem em comum com a das outras nações: fazem-nos pensar nos gritos dos morcegos ([9]).

*Foram as caravanas garamantes, protegidas por carros de guerra, que abriram a rota do Sudão ao primeiro comércio transariano que se conhece? Juntamente com esta estrada, existiria uma «rota de carros» ocidental que ligava a bacia do Níger ao Sul de Marrocos e abastecia os mercadores das colónias púnicas?*
*Demasiado fragmentários e vagos, os relatos dos antigos não nos esclarecem suficientemente: mas é um facto que os seus autores acreditavam na riqueza da Etiópia, donde lhes chegavam metais preciosos, penas de avestruz, peles de tigre ou de pantera, escravos negros e marfim:*

Nos confins da África, na fronteira desta com a Etiópia, os dentes de elefante, dos maiores que existem, servem de porta às casas e são utilizados como estacas nas vedações e estábulos de gado ([10]).

*Na realidade, tais zonas atingidas deviam ser mínimas: os elefantes da África do Norte e o ouro das minas do Sus bastavam para alimentar o grosso das exportações; claro que*

---

([8]) Ptolomeu (séc. II d. C.), *Tratado de Geografia*, Livro I, cap. 8, pp. 24-25.
([9]) Heródoto, *História*, IV, 183.
([10]) Políbio (séc. II d. C.), XXXIV.

*houve algumas correntes comerciais; alguns produtos de luxo transmitiam-se, sem dúvida, de entreposto a entreposto. Mas o mistério permanece por inteiro, pois os povos do deserto praticavam já a troca muda, de que voltaremos a falar, pois ela sobreviveu no Sudão até ao advento dos tempos modernos. A partir de Heródoto, ela foi localizada, de uma forma cautelosa, aliás, muito a norte, na costa marroquina:*

Os Cartagineses dizem que para lá das Colunas de Hércules há um país habitado aonde eles vão fazer comércio. Quando ali chegam, tiram as mercadorias dos barcos e colocam-nas em fila na praia; em seguida, regressam aos navios, onde acendem fogueiras de modo a provocar uma grande fumarada. Os naturais do país avistam o fumo e aproximam-se da beira do mar, afastando-se depois de terem deixado ouro em troca das mercadorias. Nessa altura, os Cartagineses saem dos navios, examinam a quantidade de ouro que eles trouxeram e, se pensam que ela corresponde ao preço das mercadorias, levam-na e vão--se embora. Mas, caso contrário, regressam aos barcos e esperam tranquilamente novas ofertas. Os outros voltam em seguida e acrescentam mais qualquer coisa até os Cartagineses ficarem satisfeitos. Nunca se prejudicam uns aos outros. Os Cartagineses só tocam no ouro se este atinge o valor das mercadorias e os nativos não levam as mercadorias antes de os Cartagineses arrecadarem o ouro ([11]).


## A monstruosa Etiópia

*O mundo antigo ignorou a África Negra; a carta de Ptolomeu, que constitui, no século II d. C., o melhor documento geográfico da Antiguidade, traduz a medida desse grande vazio: ela é altamente fantasista em relação às regiões a sul do Sara.*

*De resto, a partir daí, defrontam-se incessantemente várias concepções sobre a África:*

*– Alguns, pensando, a exemplo de Estrabão e, depois, de Ptolomeu, que o oceano não circundava aquele continente, que se estendia sem limites para sul, opunham-se a Heródoto,*

---

([11]) Heródoto, *História*, IV, 196.

*que era de opinião contrária, baseando-se no périplo dos fenícios de Necau.*

*– Havia quem pensasse que o Nilo nascia perto do oceano e atravessava o deserto de oeste para este (Heródoto); pelo contrário, Ptolomeu, que parece ter tido uma noção bastante exacta acerca das nascentes do Nilo, oriundo dos altos maciços da África Oriental (os montes da Lua), desenhava a bacia de um «Nigeir» ocidental cuja origem Plínio localizava na fronteira entre as duas Etiópias. Mas, mais do que o actual Níger, acerca do qual a Antiguidade apenas ouvira escassos rumores, este rio evoca o uede Guir e a bacia do Tuat.*

*Aliás, a herança da Antiguidade, que iria exercer no Ocidente medieval uma influência tão tenaz como detestável, consistiu sobretudo na crença em povos mudos e monstruosos que habitavam um país estranho e temível.*

Para além dos desertos, encontram-se povos mudos que só conseguem fazer-se entender por sinais: uns têm língua e não conseguem falar; outros são inteiramente desprovidos deste órgão; há outros ainda com a boca naturalmente fechada, que apenas apresentam sob as narinas um buraquinho pelo qual bebem com o auxílio de uma cana e, quando precisam de comer, aspiram um a um os grãos que ocasionalmente encontram no chão ([12]).

O rio Nigris separa a África da Etiópia. Para sul, após uma região de desertos, vivem os Nigritas, assim chamados por causa do rio de que falámos, os Gimnetas, os Farusianos, que se estendem até ao oceano, e os Perorsos, nos confins da Mauritânia. Todos os territórios destes povos estão limitados do lado do oriente por vastas zonas solitárias, até à região dos Garamantes, dos Augilos e dos Trogloditas. Perto destes encontram-se os Atlantes, os Egipanos, semianimais, os Blemmyes, os Gamfasantes, os Sátiros, os Himantopodes. Os Atlantes, se acreditarmos no que dizem, perderam as características de seres humanos; não usam nomes que os distingam uns dos outros; contemplam o Sol nascente e o poente, lançando imprecações terríveis, como se se tratasse de um astro funesto às suas pessoas e às suas culturas; nunca têm sonhos, como é o caso dos outros homens. Os Trogloditas fazem cavernas que lhes servem de casas; alimentam-se da carne das serpentes; guincham, não têm voz e desconhe-

---

([12]) Pomponius Mela (séc. I d.C.), III, 9.

cem o uso da palavra. Os Garamantes não se casam e as mulheres são propriedade comum. Os Augilos apenas prestam honras aos deuses infernais. Os Gamfasantes, nus, desconhecem a luta e nunca se misturam com os estrangeiros. Conta-se que os Blemmyes não têm cabeça, e têm os olhos e a boca fixados no peito. Os Sátiros, à excepção do rosto, nada possuem de comum com os homens. Os Himantopodes, em vez de pés apresentam uma espécie de correias, com as quais avançam serpenteando. Os Farusianos são antigos persas que, ao que se diz, acompanharam Hércules na sua expedição às Hespérides. Não encontrei outras informações sobre a África ([13]).

---

([13]) Plínio, *História Natural*, V.

# QUADRO SINCRÓNICO DA ANTIGUIDADE E DA ALTA IDADE MÉDIA

| HISTÓRIA INTERNA DA ÁFRICA NEGRA | DESCOBERTA DA ÁFRICA NEGRA | HISTÓRIA GERAL |
|---|---|---|
| | | – 3300 (?): Menes unifica o Império egípcio. |
| | | – 1270 (?) : Guerra de Tróia. |
| | | – 814: Fundação lendária de Cartago. |
| | | – 753: Fundação lendária de Roma. |
| | | – 715: 25ª dinastia cuxita (Império etíope). |
| | – 600: Périplo dos Fenícios de Necau. Tentativa de Sataspe. | – 609-595: Necau II, faraó do Egipto. |
| – Os povos do deserto percorrem as «rotas de carros» do Sara. | – 500: Périplo de Hanão, sufete de Cartago? | – 525: Conquista do Egipto pelos Persas. |
| | – 450: Viagem dos Nasamons através do Sara. | |
| | – 400: Viagem do marselhês Eutimeno. | |
| | | – 332: Conquista do Egipto por Alexandre. |
| | | – 146: Destruição de Cartago pelos Romanos. |
| – Civilização das Figurinhas de Nok (Norte da Nigéria): terracota e depois ferro. | – 119 (?) : Viagem à Índia e périplo da África de Eudoxo de Císico. | |
| | + 66: Suetónio Paulino passa para além do Atlas. | |
| | + 70: Septimus Flaccus na Fezânia | |
| | + 86: Julius Maternus atinge Agizymba. | 392: O cristianismo religião de Estado em Roma. |
| | Século II: Cartas de Ptolomeu. | 429: Os Vândalos na África do Norte. |
| Século IV (?) Fundação do império do Gana por Berberes? | | 476: Fim do Império Romano do Ocidente. |
| | | 482: Subida ao tono de Clóvis. |
| | Cerca de 550: Viagem lendária do monge irlandês S. Brandão à Madeira e às Canárias. | 533: Conquista do Norte de África por Justiniano, imperador de Bizâncio. |
| | | 590: Subida ao trono do papa Gregório Magno. |

1.º milénio antes de cristo

# 2. O ISLÃO:
## MERCADORES E GEÓGRAFOS

*Embora os conhecimentos da Antiguidade acerca do Oeste africano tivessem sido praticamente nulos, nem por isso deixaram de exercer uma influência considerável sobre a Idade Média.*

*A decadência do Império Romano, finalmente submerso no século V pelas invasões bárbaras, causou ao Ocidente, daí em diante fechado sobre si próprio, uma travagem brutal – durante esses séculos obscuros, os prodígios e os monstros com que a Antiguidade dotara a África foram incansavelmente retomados e aumentados: os povos pagãos sem nariz ou sem orelhas, etíopes com oito dedos ou dois pares de olhos, artabatitas quadrúpedes e apreciadores de insectos, continuavam a assustar tanto mais quanto eram considerados criaturas do Diabo.*

*Devido à distância, o Império Bizantino desempenhou em África um papel meramente episódico; foi o Islão que, no século VII da nossa era, retomou a iniciativa.*

*Depois da morte de Maomé, em 632, a conquista árabe avançou com uma rapidez extraordinária. A expansão dirigiu-se, em primeiro lugar, para Oriente (conquista da Síria e da Pérsia), mas em breve se iniciou a marcha em direcção ao Oeste: já a partir de 644, o Egipto e a Cirenaica eram regularmente administradas; em 666, chegaram à Ifriquia e fundaram Cairuão; o saque de Cartago, em 697, iria expulsar da África os últimos Bizantinos.*

*A derrota de Poitiers, em 732, limitou as conquistas dos Árabes no Ocidente cristão, mas a África Negra estava, a partir daí, cercada: dois anos mais tarde, partia do Sus uma expedição que chegou ao Sudão; o contacto estabelecido nunca mais sofreu interrupções.*

*Aos guerreiros missionários do império omíada em breve sucederam caravanas de mercadores e sábios viajantes cujos esforços o Islão triunfante iria encorajar. Efectivamente, já que o império não podia aspirar a uma unidade estável devido à sua extensão, favoreceu, em contrapartida, ao acelerar a fusão de elementos compósitos, a eclosão de uma civilização admirável, em que o esplendor das ciências e das artes se aliava à prosperidade económica: o surto da geografia resultou disso, pois o liberalismo político e religioso dos primeiros Abássidas (750-1258) – Al-Mansur, Harun-ar-Rachid e Al-Mamum – encorajou a intensa actividade dos sábios tradutores que revelaram aos Árabes a herança da Antiguidade e as obras dos povos submetidos, até então encerradas nas escolas ou nos mosteiros.*

*A redescoberta de Ptolomeu, no século IX, foi decisiva: permitiu aos geógrafos árabes renovar, com a ajuda dos melhores astrónomos e matemáticos da época, gregos e indianos, conhecimentos acerca da África que até então nada haviam progredido.*

*Mas a vocação oriental do Islão fez com que ele preferisse durante muito tempo a costa banhada pelo Índico. Desde o século VII, os árabes ocupavam Dongola, o grande entreposto de comércio do ouro etíope, e os Núbios comprometiam-se, através de um tratado, a abrir as suas fronteiras a todos os muçulmanos; comerciantes e pregadores chegavam a Madagáscar ainda antes do século IX; efectivamente, a monção permitia atravessar o oceano nos dois sentidos e o comércio indiano trouxe a fortuna às populosas cidades costeiras enriquecidas pelos colonos árabes e conhecidas, sem dúvida, pelos marinheiros chineses um pouco mais tarde, no século XV, no tempo em que Zanzibar era o maior porto do oceano Índico; quando, no século seguinte, os Portugueses alcançaram aquelas paragens, descobriram, espantados, portos activos nos quais era familiar o uso da bússola e do sextante, dos mapas e das rotas marítimas.*

### O ouro do Sudão

*A África era, na verdade, um grande produtor.*

*A Este, os negros Zandj, descritos em 947 pelo navegador Al Masudi na sua obra As* Pradarias de Ouro, *serviram talvez de intermediários aos povos azanianos do interior, cuja extraordinária civilização de Constru-tores de Pedra se desenvolveu do século V ao século X da nossa era; estes dominaram, sem dúvida, a partir das cidades do Zimbabwe ou de Mapungubwe, das quais ainda restam importantes vestígios, as múltiplas explorações mineiras do Quénia ou do Tanganica que forneciam de cobre ou de ouro o comércio costeiro: daí a lenda portuguesa do império do Monomotapa de prodigiosa riqueza.*

*A penetração no Oeste da África foi mais lenta e o comércio menos activo; em Ifriquia e mais ainda no Magrebe, os Berberes reagiram violentamente contra a hegemonia árabe: estas lutas paralisaram durante séculos o desenvolvimento da África do Norte. O ouro do Sudão iria, porém, constituir um dos motores do relançamento económico: com efeito, foi no momento em que a circulação do precioso metal se reduzira a ponto de entravar o comércio que o Islão conseguiu assegurar o controlo exclusivo de todas as fontes de ouro novo, uma das quais, e não a menor, era a África Ocidental; o Ocidente agonizava, nessa altura, por causa da «longa sangria de ouro» causada pelos negociantes levantinos, portadores de dispendiosas mercadorias orientais; Bizâncio, vencida, acabava de entregar pesados tributos ao soberano sassânida, mas a Pérsia, fiel à moeda de prata, armazenara, no fundo dos seus palácios, esse afluxo de ouro fundido em lingotes ou cinzelado em jóias. As conquistas árabes tinham voltado a pôr em circulação, desde o século VII, uma parte desse ouro: em 694 foi criado o dinar; mas a sua prosperidade ficou a dever muito à África; em 757-758, a fundação no Magrebe de Sidjilmasa, no Tafilete, abriu a rota do Sudão às caravanas do ouro.*

*O ouro africano foi o responsável pela grandeza dos Omíadas de Espanha, no século IX, e, no século X, pela dos Fatímidas que ocuparam Sidjilmasa e desenvolveram, após conquistarem o Egipto, a rota oriental utilizada até ao século XVII pelos «povos da Etiópia, que todos os anos leva[va]m oiro ao Cairo» ([1]). Mas só no século XI é que a poderosa tribo dos Sanhadja, fundadores do califado almorávida, permitiu ao Islão penetrar na África Negra: os Sanhadja, senhores da rota ocidental do deserto que liga Marrocos ao Gana, apoderaram-se até ao fim do século desse vasto império negro nascido do desenvolvimento do tráfico entre o ouro do Sudão e o sal do deserto, comércio esse favorecido pela introdução do camelo, nos primeiros séculos da nossa era, ao longo das antigas «rotas dos carros». Os califas almóadas, por sua vez, estenderam a sua autoridade desde o Atlântico à Tripolitânia (séculos XII e XIII), enquanto que, no Sul do Sara, o império mandinga do Mali, erguido sobre as ruínas do precedente, se convertia ao Islão a partir do século XIII.*

*Desde aí, o Islão passou a ser o elo que atravessava o deserto: as trocas aumentaram sem cessar sob a influência religiosa, cultural e política do Magrebe, influência tanto mais decisiva quanto foi a única a exercer-se durante séculos; ela favoreceu a formação progressiva de uma elite negra de letrados muçulmanos, capazes de adaptarem às sociedades agrícolas preexistentes um sistema político e comercial eficaz, organizado segundo o modelo árabe, que tornou possível a grandeza dos impérios do Sudão até à chegada dos Portugueses.*

---

([1]) J.-B. Tavernier, *Voyages*..., 1676, t. I, p. 234 (citado por F. Braudel, *La Méditerranée*..., Paris, 1949, p. 369).

## O Nilo: Níger ou Senegal?

*Embora os viajantes árabes se tivessem lançado ousadamente ao assalto do deserto para chegar ao Sudão, que foram os primeiros a explorar e a descrever, certos enigmas continuaram a preservar os seus segredos: influenciados em parte pelas confusões antigas, geógrafos tais como Al-Biruni, Idrisi e Ibn Sahid teimaram em pensar que um único rio cercava a África Negra. Ou o faziam correr para leste, como o Níger:*

O grande rio do Nilo corre em direcção a Tombuctu, e daí para Kuku *[ou Kukya, relativamente perto de Gao]* e finalmente para Yufi, uma das mais vastas regiões do Sudão, que é governada por um sultão muito poderoso; os homens brancos não conseguem lá chegar, pois são mortos antes disso [2]. Finalmente, o Nilo desce até ao país dos Núbios, e depois até às Cataratas, que formam o último limite do Sudão, no Alto Egipto [3].

*Ora, pelo contrário, pensavam que ele se dirigia para oeste, confundindo-o, sem dúvida, com o Senegal:*

O Nilo corre, nesta região, do oriente para ocidente; a cana, o ébano, o buxo, o salgueiro e espécies diferentes de tamarindos crescem nas margens do rio, formando uma espessa floresta; é aí que os rebanhos vão descansar a meio do dia, é aí que encontram a sombra quando o calor é excessivo [4].

*Onde nascia ele? Houve quem pretendesse ver no lago Chade, no coração do Sara, o reservatório onde tinham origem os três grandes rios de África:*

Do lago de Koura *[lago Chade]* saem o Nilo do Egipto, o Nilo de Maodashu [5] e o Nilo do Gana. Mede 1000 milhas de comprimento e a sua extremidade oriental encontra-se a 51 graus de longitude. Ibn Fathima

---

[2] Tratar-se-ia de um eco longínquo do reino de Ifé, perto do Baixo Níger (Nigéria central), no auge do seu esplendor, no século XIV?

[3] Ibn Batuta, 1355, *Voyage dans le Soudan,* traduzido para francês por G. de Slane, Paris, 1843, pp. 17-18.

[4] Idrisi, 1154, *Description de l'Afrique et d'Espagne,* I, 1, traduzido para francês por R. Dozy e J. de Goeje, Leyde, 1866, p. 5.

[5] Ou Mogadixo, que desaguava no oceano Índico, a norte do território dos Zandj: talvez o Zambeze?

afirma que não encontrou ninguém que tenha visitado a margem meridional. Acrescenta que o lago está rodeado por todos os lados de povos bárbaros de entre os negros infiéis, a maior parte dos quais são antropófagos; entre eles contam-se os Bidys; os Bidys habitam junto da cidade de Bidy e nas regiões circundantes. Na vizinhança, do lado oeste, vive o povo de Djaby; estes homens têm o costume de afiar os dentes [6].

*Desse grande rio da África Ocidental, apenas se sabia que existiam feras nas suas margens e que no seu leito se ocultavam estranhos animais:*

Nas florestas que ele atravessa, encontramos leões, girafas, gazelas, hienas, elefantes, lebres e porcos-espinho.

Há no Nilo diferentes espécies de peixes, grandes e pequenos, a maior parte dos quais servem de alimento aos Negros; eles pescam-nos e salgam-nos; estes peixes são extremamente oleosos e pesados [7] ...

...As margens são tão infestadas de mosquitos que ninguém lá passa durante o dia. Vi, à beira do rio, dezasseis animais cujo tamanho me impressionou. À primeira vista confundi-os com elefantes, porque sabia que existem muitos desses animais naquela região; mas, em seguida, depois de ver alguns na água, perguntei ao meu companheiro de que espécie de bicho se tratava. «São, disse ele, cavalos de rio *[hipopótamos]* e vão a terra pastar.» Reparei que eram maiores que cavalos e que tinham crina e cauda; a cabeça era parecida com a do cavalo e os pés semelhantes aos do elefante; nadavam na água e levantavam a cabeça para respirar. Levámos o barco para a margem nessa altura, para não nos afogarmos. Caçam-nos habilidosamente com um arpão que tem um buraco por onde passa uma corda muito forte; se essa arma atinge o animal numa perna ou no pescoço, penetra na carne; nessa altura, puxa-se o bicho para a margem com a ajuda da corda, e aí é morto e a sua carne comida [8].

*No entanto, os Árabes aproximavam-se, de século para século, desse grande rio, caminhando ao longo de pistas intermináveis, percorridas pelas caravanas do deserto.*

---

[6] Ibn Sa'hid, século XIII, citado por Aboulféda, *La Géographie d'Aboulféda*, traduzido por M. J. Reinaud, Paris, 1848, t. II, 1.ª parte, p. 212.

[7] Idrisi, *Description...*, I, 1, p. 5.

[8] Ibn Batuta, *Voyage...*, pp. 38-39

# Ao assalto do deserto

*A rota mais frequentada era a que levava às grandes salinas ocidentais do Sara, porque os Negros compravam a peso de ouro o sal da costa mauritana (Aulil) e sobretudo o de Tegaza, no centro do Sara, a vinte dias de Sidjilmasa.*

## Sidjilmasa

*Sidjilmasa, rico porto do deserto, foi edificada a partir do século VIII, ao sul de Marrocos:*

Sidjilmasa foi fundada no ano 140* *[757-758 d. C.].* O desenvolvimento desta cidade fez com que Terga, situada a dois dias de viagem, ficasse despovoada, e provocou a ruína de Ziz. Sidjilmasa encontra-se numa planície cujo solo está impregnado de sal. Está circundada por subúrbios; no interior, existem belas moradias e edifícios magníficos; possui numerosos jardins. A parte inferior da muralha que a circunda é feita de pedra, e a parte superior de tijolo. Esta obra de defesa deve--se a Abu Mansur el-Yaça, que custeou todas as despesas, não permitindo que ninguém, além dele, contribuísse para a construção. Gastou aí mil alqueires de víveres por dia. Esta muralha, com doze portas, das quais oito são em ferro, foi construída em 199 *[815-816 d. C.].* No ano seguinte, dividiu os terrenos da cidade por diversas tribos que ainda hoje os possuem. Os habitantes continuam a usar um véu para esconder a cara; e se, por acaso, algum se apresenta com a cara descoberta, não é reconhecido pelos seus próprios parentes.

A água consumida na cidade é salobra, mesmo a que se extrai dos poços. A água que serve para regar as terras semeadas vem do rio e é transportada em baldes. As tâmaras, as uvas e toda a espécie de frutos crescem em profusão.

Sidjilmasa fica situada na borda do deserto e não se conhece qualquer lugar habitado nem a oeste nem a sul da cidade. Não se vêem moscas. Em Sidjilmasa engordam-se cães para serem comidos. Os grãos de trigo que começam a germinar são considerados uma iguaria. Os leprosos têm o ofício de limpar as latrinas. O de pedreiro está reservado aos Judeus.

Para ir de Sidjilmasa a Gana, no país dos negros, há que caminhar durante dois meses através de um deserto desabitado.

---

* As datas muçulmanas são referentes à Hégira.

Nesta vasta região existem alguns nómadas que não param em sítio algum (⁹).

## Os nómadas do deserto

São vizinhos dos Negros, dos quais se encontram a uma distância de dez dias de viagem; não sabem trabalhar a terra, nem semear; a única riqueza que possuem são os rebanhos e alimentam-se da sua carne e leite: alguns deles passariam a vida inteira sem ver nem comer pão se os mercadores vindos das regiões muçulmanas ou do território dos Negros não lho dessem a provar ou não lhes oferecessem presentes de farinha.

Professam a religião ortodoxa e fazem a guerra santa combatendo os Negros. O véu é como que uma segunda pele para eles, de maneira que só mostram a órbita dos olhos; designam os homens que não se vestem assim por uma alcunha que, na língua deles, significa bocas de moscas. A sua alimentação resume-se a carne seca moída, sobre a qual vertem gordura derretida ou manteiga. O leite, entre eles, substitui a água; passam meses inteiros sem engolir uma gota de água, o que não os impede de serem bem constituídos e de gozarem de perfeita saúde (¹⁰).

## O sal e o âmbar, riquezas do deserto

*A mina de Tatental (Tegaza?) era uma das maiores curiosidades do deserto:*

Para chegar ao sal, há que retirar a camada de terra que o cobre, tal como sucede nas minas de metais ou de pedras preciosas. O sal encontra-se a uma profundidade de duas toesas, quando muito, e é cortado aos blocos, como as pedras numa pedreira. Esta mina é dominada por um castelo cujas paredes, salas, ameias e torres são construídas com pedaços de sal. O mineral é exportado dali para Sidjilmasa, para o Gana e para todos os territórios dos Negros. Os mercadores acorrem constantemente àquela mina, onde se trabalha ininterruptamente e suja produção é

---

(⁹) Al-Bakri, 1068, *Description de l'Afrique septentrionale*, traduzido para francês por G. de Slane, Paris, 1859, pp. 328-330.

(¹⁰) *Ibid.*, pp. 361-362 e 373-374.

enorme. Há outra mina de sal na região de Beni Djodala, num lugar chamado Aulil, que fica situado à beira do mar. Dali partem caravanas com sal para todas as regiões vizinhas.

Perto de Aulil, fica uma península denominada Aiuni, onde existe âmbar-cinzento em grande quantidade. Os seus habitantes alimentam-se principalmente de carne de tartaruga, animal que abunda naquele mar, onde atinge tamanhos espantosos. Por vezes usam a carapaça deste animal e embarcam nela como se de um barco se tratasse, para irem à pesca ([11]).

## A perigosa travessia do Sara

*Por vezes, prossegue Al-Bakri ([12]), as caravanas percorriam a costa ocidental:*

De Null *[porto do Sul marroquino]* a Aulil, são necessários dois meses seguindo sempre pela beira-mar. As caravanas que realizam esta viagem avançam quase sempre num solo coberto com uma camada de pedra que resiste ao ferro e que entorta as picaretas utilizadas para a partir. Obtém-se água doce escavando buracos nos sítios que o mar deixa a descoberto aquando da maré-baixa. Se algum viajante morre pelo caminho, não é possível enterrá-lo por causa da dureza do solo e da impossibilidade de fazer uma cova; por isso, limitam-se a cobrir o cadáver com erva e arbustos secos, ou então lançam-no ao mar.

*Ao sul de Tegaza havia uma rota mais frequentada que atravessava o extraordinário mercado de Audaghost, no centro do deserto, cuja localização permaneceu misteriosa durante muito tempo; trata-se, sem dúvida, de Tegdaust, onde se realizam pesquisas arqueológicas desde 1960.*

Audaghost, cidade grande e muito populosa, ergue-se numa planície de areia, no sopé de uma montanha absolutamente estéril e despida de vegetação. Audaghost contém várias mesquitas e uma população numerosa. Em redor da cidade estendem-se jardins de palmeiras. Cultiva-se o trigo à enxada, regando-o à mão. Só os príncipes e as pessoas ricas o comem; a grande maioria da população alimenta-se de *dorra* [sorgo]. Os bois e os carneiros são tão numerosos que é possível comprar dez cabeças

---

([11]) Bela descrição da carapaça laterítica.
([12]) *Ibid.* pp. 375-376.

de gado ou até mais por uma moeda de ouro. O mel também abunda, mas vem do território dos Negros. Os habitantes vivem bem e possuem grandes riquezas. O mercado encontra-se cheio de gente a toda a hora, e a multidão é tão grande e o zumbido das vozes tão forte que se torna difícil ouvir a pessoa que fala sentada ao nosso lado. As compras são feitas com pó de ouro, porque a prata é desconhecida entre aquele povo. Todos os habitantes apresentam uma tez amarelada; quase não há ninguém que não sofra de uma das doenças dominantes, a febre e as afecções do baço.

Apesar da distância, vem trigo, frutos e uvas secas dos países muçulmanos.

Há negras que cozinham muito bem e são vendidas por cem moedas de ouro ou mais; elas sabem preparar pratos apetitosos, tais como bolo de nozes, bolinhos de amêndoa, açúcar e mel e toda a espécie de doçaria. Também lá existem raparigas com uma bela figura, de pele branca e silhueta esbelta. Têm seios firmes, cintura fina, a parte inferior das costas arredondada e os ombros largos; são de tal forma dotadas pela Natureza que oferecem sempre ao homem que as possui os atractivos de uma virgem ([13]).

De Audaghost a Gana há uma distância de dez a vinte dias de caminho ([14]).

### Ninguém sabe se escapa aos perigos do deserto:

...Demora-se cinco dias a vencer a distância que separa o Uadi-Dera do Uadi-Targa, ribeiro que marca o início do grande deserto. O viajante, ao entrar nessa vasta região, encontra água de dois em dois ou de três em três dias, até chegar a Ras el Medjaba, «o Início da Solidão». Depois encontra três poços; entre eles e a região ocupada por muçulmanos ficam quatro dias de marcha; seguidamente, encontra-se a «Montanha de Ferro», também a uma distância de quatro dias; depois entra-se na «Grande Solidão», onde é preciso caminhar oito dias antes de encontrar água; há que andar outros quatro dias para chegar à cidade de Gana... ([15])

Tendo-se perdido um dos nossos companheiros, chamado Ibn Ziry, não ousávamos avançar nem voltar para trás. O tio dele conseguiu, no

---

([13]) Al-Bakri, *Description...*, pp. 348-350.

([14]) Ibn Hauqal, século X, *Description de l'Afrique*, 122, tradução francesa de G. de Slane, Paris, 1842, p. 68.

([15]) Ibn Hauqal, século X, *Description de l'Afrique*, 122, traduzido por G. de fie, Paris, 1842, p. 68.

dia seguinte, mediante a promessa de uma recompensa, que um messufita fosse procurá-lo. Esse mensageiro encontrou o rasto que o nosso companheiro deixara na areia; o rasto ora seguia pelo caminho certo ora se afastava, mas não foi possível encontrar o homem perdido. Entretanto, encontrámos uma caravana cujos membros nos disseram que um deles também se transviara; e, efectivamente, mais tarde vimos um homem morto sob uma das árvores que crescem nas areias; estava completamente vestido e ainda segurava na mão o chicote. Podia ter encontrado água a uma milha do lugar onde sucumbira [16].

## O mercado de Ualata

*Finalmente, conclui Ibn Batuta:*

Após dois meses de caminho desde Sidjilmasa, chegámos a Ualata, a primeira dependência do Sudão que o viajante encontra.

À chegada, os nossos mercadores depuseram as suas bagagens numa praça ao ar livre; confiaram-nas aos cuidados dos Negros e foram ver o *farba*. Este funcionário estava sentado num tapete, debaixo de uma espécie de tecto, tendo na sua frente guardas de lança e arco na mão, enquanto as autoridades se perfilavam por detrás dele. Os nossos mercadores permaneceram de pé e ele dirigiu-lhes a palavra por intermédio de uma terceira pessoa, embora se encontrassem todos perto uns dos outros. Tratava-se de um sinal da falta de consideração que nutria pelos visitantes, e eu fiquei tão aborrecido com o facto que lamentei amargamente ter ido visitar um país cujos habitantes se mostravam tão pouco delicados e testemunhavam tanto desprezo pelos homens brancos.

O governador de Ualata convidou-nos para jantar. A refeição consistiu em *anli* triturado ao qual haviam misturado um pouco de leite e mel; a comida foi servida numa meia cabaça que fazia as vezes de prato. Depois de beberem, os nossos hospedeiros retiraram-se. «O quê!», disse eu, «foi para isto que o negro vos convidou?» «Sim», responderam eles, «e é o melhor jantar de boas-vindas que são capazes de oferecer.»

A partir daí, convenci-me que não havia nada a fazer com gente daquela espécie e pensei por um momento em ir-me embora com a caravana dos peregrinos; mas depois pensei que faria bem em visitar a capital do reino.

---

[16] Ibn Batuta, *Voyage...*, pp. 5-6.

# Os reinos do Sudão

## O Gana

*O Gana, fundado no século IV, produtor de ouro conhecido dos muçulmanos desde o século VIII, estava, no século X, no auge do seu poderio: a cidade, situada talvez a 300 quilómetros a norte de Bamaco, entre o Níger e o Senegal, era a capital dum vasto império, que dominava, a norte, os postos do deserto – Audaghost e Ualata –, a oeste, as minas de ouro do Bambuque (entre o Senegal e Faléme) e do Buré (ao norte de Siguiri), e se estendia para leste, até ao Níger, chegando--lhe também o ouro do misterioso Sudão meridional.*

*Antes de sucumbir perante os Almorávidas que, após a tomada de Audaghost (1054), puseram a cidade a saque, em 1077, este poderoso império negro sempre resistiu ao Islão; em seguida vegetou até ao século XIV, mas nunca mais se recomporia de tal derrota; no fim do século XI, Al-Bakri foi talvez testemunha do seu esplendor final.*

## A cidade

Gana é formada por duas cidades situadas numa planície. A que os muçulmanos habitam é muito grande e contém doze mesquitas; na cidade existem jurisconsultos e homens cheios de erudição. Nos arredores há vários poços de água doce que abastecem a população, junto dos quais se cultivam legumes.

A cidade ocupada pelo rei fica a seis milhas desta e tem o nome de El-Ghaba *[a floresta]*. O território que as separa encontra-se pejado de habitações. Os edifícios são construídos com pedras e madeira de acácia. A casa do rei é formada por um castelo e várias cubatas de tecto arredondado, com uma vedação a cercar o conjunto dos edifícios [17].

Este castelo, solidamente construído, bem fortificado e com o interior ornamentado por diversas esculturas, pinturas e vitrais, foi erguido no ano de 510 da Hégira (1116 d. C.) [18].

Na cidade do rei, não longe do tribunal real, está situada uma mesquita onde os muçulmanos encarregados de missões junto do prín-

---

[17] Al-Bakri, *Description...*, pp. 382-383.
[18] Idrisi, *Description...*, I, 1, p. 7.

cipe se dirigem para rezar. Perto daí ficam as casas dos feiticeiros do país, encarregados do culto religioso; nelas estão colocados os ídolos e os túmulos dos soberanos... pois a religião destes negros é o paganismo e o culto dos feitiços. Por morte do rei, constroem com madeira de *sadj* uma grande cúpula que colocam no lugar que lhe irá servir de túmulo; em seguida, deitam o corpo num canapé coberto de tapetes e almofadas, e colocam-no no interior da cúpula; junto do morto, depositam as suas vestes, as suas armas, os pratos e as taças por onde comeu ou bebeu e diversas iguarias e bebidas. Nessa altura, fecham juntamente com o corpo do soberano vários dos seus cozinheiros e fabricantes de bebidas; cobrem o edifício com redes e panos; toda a multidão lança terra para cima do túmulo, formando-se assim uma grande colina. Cercam o monumento com um fosso com uma única passagem, destinada apenas aos que quiserem aproximar-se dele. Imolam vítimas aos seus mortos e levam--lhes bebidas inebriantes à laia de oferendas [19].

## O rei: poder e riqueza

Gana é o título usado pelos reis deste povo; o nome do seu país é Aukar. O soberano que os governa actualmente, no ano de 460 (1067--68 d. C.), chama-se Tenkamenin; subiu ao trono em 455. O que o precedeu, Beci, que começou a reinar com a idade de oitenta e cinco anos, era seu tio materno: os usos e leis daquele povo exigem que o rei tenha como sucessor o filho da irmã, pois dizem que o soberano tem a certeza que o sobrinho é realmente filho da irmã, mas não pode saber ao certo se aquele que considera seu filho é legítimo [20].

Só o rei e o seu herdeiro têm o direito de usar roupas talhadas e cosidas; os outros vestem-se com panos de algodão, seda ou brocado, consoante as suas posses. Todos os homens apresentam a cara rapada e as mulheres rapam o cabelo. O rei enfeita-se com colares e pulseiras, tal como as mulheres: na cabeça usa vários gorros dourados, envoltos em tecidos de algodão muito finos. Quando concede audiências ao povo, a fim de ouvir as suas queixas e de lhes dar uma solução, senta--se num pavilhão em redor do qual estão alinhados dez cavalos cobertos com tecidos de ouro; por trás dele, colocam-se dez pagens com escudos

---

[19] Al-Bakri, *Description...*, pp. 383-385.

[20] Al-Bakri compreendera o sistema de parentesco que ainda hoje subsiste em grande número de tribos africanas: trata-se do sistema «matrilinear», em que a filiação se faz do tio uterino para o sobrinho, em oposição ao sistema «patrilinear» em que a transmissão do poder e dos bens se faz de pai para filho.

e espadas de ouro; à sua direita, ficam os filhos dos príncipes do império, envergando magníficos trajes e com os cabelos entrançados com fios de ouro à mistura. O governador da cidade senta-se no chão em frente do rei, e à sua volta ficam os vizires na imesma posição. A abertura da sessão real é assinalada pelo som de uma espécie de tambor formado por um pedaço de tronco oco. O povo reúne-se ao som deste instrumento chamado *deba*. Os súbditos, para saudar o soberano, põem-se de joelhos e lançam poeira sobre a cabeça.

Tenkamenin é senhor dum vasto império e de um poder que o torna formidável [21].

...Gana é a cidade mais importante, mais populosa e com o comércio mais activo de todo o território dos negros. Visitam-na ricos mercadores dos países vizinhos e de todos os países do Magrebe Ocidental [22].

O rei ganha um dinar de ouro por cada burro carregado de sal que entra no seu país, e dois dinares por cada carregamento de sal exportado. A carga de cobre rende-lhe cinco miticais e a carga de mercadorias dez miticais [23].

O território deste rei faz fronteira com o país do ouro, famoso pela quantidade e qualidade do metal que produz [24].

O melhor ouro da região encontra-se em Ghiatu, cidade situada a dezoito dias da capital, num território com uma numerosa população negra e muitas aldeias. Todas as pepitas de ouro encontradas nas minas do império pertencem ao soberano, o qual entrega ao povo o pó de ouro que toda a gente conhece: se não tomasse esta precaução, o ouro tornar-se-ia tão abundante que perderia quase todo o valor. As pepitas deste metal têm um peso que varia entre uma onça e uma libra [25]. Diz-se que o rei tem em casa um pedaço de ouro do tamanho de uma grande pedra [26], que pesa trinta libras e forma um único bloco. Trata-se de um produto inteiramente natural, que não foi nem fundido nem trabalhado à mão; no entanto, escavaram nele um buraco para prender o cavalo do rei...[27].

---

[21] Al-Bakri, *Description*..., pp. 381-384.

[22] Idrisi, *Description*..., p. 7.

[23] Al-Bakri, *Description*..., p. 385.

[24] Idrisi, *Description*..., p. 7.

[25] O leitor deve reportar-se ao léxico do Anexo 1 para o significado dos diferentes pesos.

[26] Al-Bakri, *Description*..., p. 386.

[27] Idrisi, *Description*..., p. 8.

O rei do Gana dispõe, em caso de guerra, de 200 000 guerreiros, dos quais mais de 40 000 estão equipados com arcos e flechas (os cavalos, naquela região, são muito pequenos).

Mas o território do Gana é insalubre e pouco povoado; é raro o estrangeiro que lá chega e escapa à doença que surge inevitavelmente na época em que começam a aparecer as espigas de grãos! [28]

### Os confins do Gana

> *Para lá do Gana, o país conservava o seu mistério; os conhecimentos de Al-Bakri sobre as regiões de Leste, sobre a cidade de Kuba, próxima de Gao e berço dos Songai, permanecem vagos e são coloridos por episódios tão pitorescos como fantasiosos:*

A cidade negra mais próxima da região dos Beni Djodala, limite extremo do território onde se professa o islamismo, chama-se Sangana; fica a seis dias de distância e é formada por duas cidades separadas pelo Nilo *[Senegal]*: a região apresenta uma série ininterrupta de lugares habitados até ao oceano. Na direcção de sudoeste, fica a cidade de Tekrur, situada junto do Nilo e habitada por negros que outrora eram pagãos, tal como os outros povos negros, e adoravam *dekakir [ídolos]*. Uardjabi, filho de Rabis, que se tornou rei, abraçou o islamismo; morreu em 432 *[1040-41 d. C.]*. Actualmente, os habitantes de Tekrur são muçulmanos.

De Tekrur passámos para Silla, cidade construída, tal como a precedente, nas duas margens do Nilo. De Silla à cidade de Gana vai uma distância de vinte dias de jornada, através de vários territórios negros. O rei de Silla continua a combater os Negros infiéis, os mais próximos dos quais habitam a cidade de Calenbu, a um dia de marcha; em Terenca, próximo de Calenbu, fabricam-se os *chiguya*, pequenas tangas de algodão que servem de moeda, com um comprimento e largura de quatro palmos; o algodão escasseia naquela região e, no entanto, cada família possui um fabricante de panos de algodão. Os habitantes têm uma lei segundo a qual o homem que foi vítima de um roubo pode vender o ladrão ou matá-lo, como preferir. Castigam as mulheres adúlteras tirando-lhes a pele em vida.

---

[28] Al-Bakri, *Description...*, p. 387.

O território habitado pelos Negros estende-se desde Terenca até ao país dos Zafcu, povo negro que adora uma serpente semelhante a uma enorme jibóia.

Junto deste povo habitam os El-Feruin, cujo território constitui um reino independente. Existe aí um lençol de água que forma um pântano onde cresce uma erva cuja raiz é afrodisíaca em extremo. O rei do país reserva-a para seu uso exclusivo e não permite que a ofereçam a quem quer que seja. Possui mulheres em grande número; quando deseja vê-las, manda-as avisar com um dia de antecedência; em seguida, utiliza o medicamento e visita-as sucessivamente, sem demonstrar o mais pequeno sinal de debilidade. No país dos El--Feruin, o sal é vendido a peso de ouro.

...Sama, uma das províncias que dependem do Gana e que fica a quatro dias de distância, é habitada por um povo chamado El-Bekem. Os homens andam absolutamente nus; as mulheres limitam-se a esconder as partes sexuais com tiras de couro entrançadas. Rapam a cabeça mas não a púbis: Abu-Abd-Allah, natural de Meca, conta que viu uma dessas mulheres parar diante de um árabe que tinha uma barba muito comprida e pronunciar algumas palavras. O homem não as compreendeu e perguntou ao seu intérprete o que é que ela lhe queria: este disse que ela desejava que ele tocasse com a barba na única parte do seu corpo que não estava exposta aos olhares!

Os Bekem são hábeis archeiros e utilizam flechas envenenadas.

A quinze dias de Gana fica a cidade de Kugha, cujos habitantes são muçulmanos, embora toda a população dos arredores continue infiel. A maior parte das mercadorias que para lá são levadas são o sal, o cauri, o cobre e o eufórbio *[planta de látex]*; este e o cauri são as mercadorias mais procuradas. Nas localidades vizinhas há muitas minas que fornecem o pó de ouro; de todos os países negros, este é o seu maior produtor ([29]).

## Do Gana ao Mali

Na altura em que o império dos Almorávidas começava a implantar--se, desmoronava-se o reino do Gana: por isso este último povo estendeu o seu domínio aos Negros, devastou o seu território e pilhou os seus bens. Submeteu-os ao imposto de capitação, impôs-lhes um tributo e obrigou grande parte deles a abraçar o islamismo. Uma vez

---

([29]) Al-Bakri, *Description...*, pp. 377-381.

# GENEALOGIA DOS SOBERANOS DO MALI
## Séculos XIII e XIV (dinastia de Sundiata)

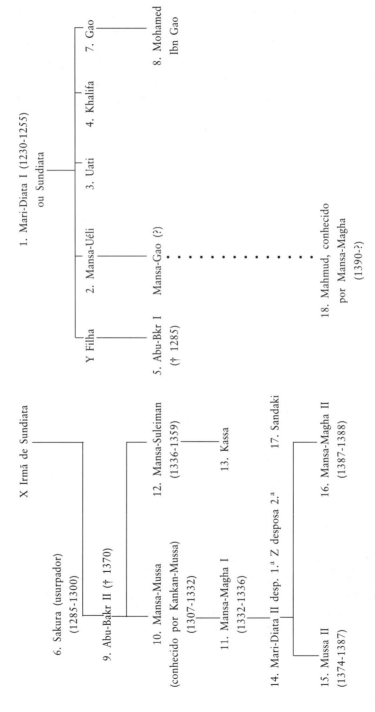

*Fonte*: Ibn Caldune, *Hist. des Berbères*, t. II, pp. 109-107. Algumas datas foram completadas com base em H. Delafosse, Haut Sénégal, Paris, 1912

aniquilada a autoridade dos soberanos do Gana, os seus vizinhos do lado do Oriente, os Sussu, subjugaram este país e reduziram os habitantes à escravatura *[por volta de 1200]*. Mais tarde, a população do Mali aumentou de tal maneira que se assenhoreou de toda a região, subjugando os Negros dos territórios vizinhos. Derrotou os Sussu *[ou Sosso, por volta de 1235]*, ocupou todos os Estados que constituíam esse antigo reino e estendeu o seu domínio desde o reino do Gana *[por volta de 1240]* até ao oceano Atlântico. Professavam o islamismo e diz--se que o primeiro deles a abraçar esta religião foi o rei Bermendana, que fez a peregrinação a Meca, assim como os seus sucessores. O mais poderoso desses monarcas foi aquele que submeteu os Sussu, ocupando-lhes as cidades e retirando-lhes a autoridade soberana. Chamava-se Mari Diata e reinou durante 25 anos ([30]).

## O Mali

*Ao contrário do Gana, o poderio do Mali assentava no Islão, que soubera aproveitar os dois séculos decorridos para conquistar a bacia do Níger; o centro de gravidade do Sudão deslocara-se para sul: Mali, a luxuosa capital do império, ficava, sem dúvida alguma, situada na margem direito do rio, na localização actual de Niani, junto do Sankarani.*

### Peregrinações e embaixadas

*As tradições orais dos Negros do Sudão conservaram uma recordação viva das façanhas de Sundiata, o verdadeiro fundador do Mali; mas os árabes conheceram melhor o rei Mansa-Mussa, conhecido como Kankan-Mussa, que, pelas suas prodigalidades aquando da peregrinação a Meca, no começo do séc. XIV, revelou ao mundo árabe as riquezas insuspeitadas da África Negra.*

Mansa-Mussa, filho e sucessor de Abu-Bakr, distinguiu-se pelo seu poder e pela santidade da sua vida. Administrou de uma forma tão justa que a sua recordação permanece viva. Fez a peregrinação no ano 724 da Hégira *[1346 d. C.]*: doze mil jovens escravos, envergando túnicas de brocado e seda do Iémen, transportavam-lhe as bagagens. Levou do seu país oitenta carregamentos de ouro em pó, cada um dos quais

---

([30]) Ibn Caldune, século XIV, *Histoire des Berbères,* tradução francesa de G. de Slane, Argel, 1852-1858, t. II, 109-110.

pesava três quintais; aquele povo transporta habitualmente as cargas às costas de escravos ou de homens livres; mas para viagens longas, tal como esta ida a Meca, serve-se de camelos ([31]).

> *E, além do mais, Mansa-Mussa conseguiu atrair ao seu país artistas e sábios que iriam exercer no Oeste africano uma influência considerável:*

Mansa-Mussa encontrou em Meca o poeta espanhol Abu-Ishac--Ibrahim-Es-Saheli, mais conhecido pelo nome de Tueidjen, e levou-o consigo para o país dos Negros. Ao regressar à sua capital, mandou erguer uma sala de audiências solidamente construída e revestida de estuque; efectivamente, edifícios desse género eram desconhecidos no seu país. Abu-Ishac-Et-Tueidjen, homem muito hábil em vários ofícios, encarregou-se de realizar a vontade do rei e construiu uma sala quadrada com uma cúpula por cima. Empregou nessa construção todos os recursos do seu génio; e, depois de revestida de gesso e ornamentada com arabescos de cores deslumbrantes, ficou um monumento digno de admiração. Uma vez que a arquitectura era desconhecida no seu país, o sultão ficou encantado e deu a Tueidjen 12 000 miticais (2500 onças) de pó de ouro como testemunho da sua satisfação, além de um lugar eminente na corte e de belos presentes de tempos a tempos. A partir daí, Abu-Ishac gozou das boas graças do sultão e transmitiu-as como herança aos filhos, que ainda as conservam; fixaram-se em Ualata, num local bem situado, junto da fronteira com o Mali, de frente para o Magrebe ([32]).

O sultão Mansa-Mussa mantinha relações amistosas com o sultão merinida Abu-Al-Hcen, e os dois monarcas mandavam presentes um ao outro por intermédio dos altos personagens das respectivas cortes. O sultão magrebino mandou até proceder a uma escolha dos mais belos produtos do seu reino e encarregou o emir de levar esse presente verdadeiramente real ao sultão dos Negros. Acompanhava-o uma delegação formada pelos personagens mais importantes do império. A magnificência daquela oferta tornou-se o assunto de todas as conversas.

A oferenda foi recebida por Mansa-Soleiman, sucessor de Mansa--Mussa: o príncipe negro quis retribuir com algo equivalente e mandou reunir os mais raros e curiosos produtos do seu país. A morte de Mansa--Soleiman, ocorrida na mesma época, impediu a caravana de continuar o seu caminho. Nessa altura, deflagrou uma guerra civil no reino do Mali:

---

([31]) Ibn Caldune, *Hist. des Berbères*, t. II, pp. 112-124 (extractos).
([32]) *Ibid.*

vários príncipes tentaram apoderar-se do trono e mataram-se uns aos outros. A desordem só terminou com a conquista do poder por Mansa-Diata. Este príncipe, ao examinar os negócios do reino, descobriu que o presente enviado ao sultão do Magrebe ainda se encontrava em Ualata e ordenou imediatamente que o fizessem chegar ao seu destino. Acrescentou-lhe uma girafa, quadrúpede de forma bizarra, de um tamanho colossal e reunindo os caracteres distintivos de vários animais de diferentes espécies.

Essa oferta chegou a Fez no mês de Safer 762 *[Dezembro-Janeiro de 1360-61]*. O dia da sua chegada à cidade constituiu uma autêntica festa: enquanto o soberano se dirigia ao Quiosque de Ouro, donde costumava passar revista às tropas, os arautos públicos convidavam toda a gente a dirigir-se à planície, fora da cidade. Para aí se precipitou a multidão vinda de todos os lados e o local em breve se encontrava tão cheio de gente que várias pessoas se viram obrigadas a trepar para os ombros dos vizinhos. Era o desejo de ver a girafa e de admirar a sua estranha forma que atraía toda aquela gente. Os emissários negros apresentaram-se a Abu-Salem para lhe entregar o objecto da sua missão. Enquanto o intérprete traduzia o discurso, eles faziam soar as cordas dos seus arcos em sinal de aprovação, segundo os usos do seu país. Lançaram poeira sobre a cabeça para saudar o soberano, tal como fazem para cumprimentar o rei do país bárbaro de onde provêm.

A notícia da chegada desta embaixada espalhou-se rapidamente. Os emissários foram hospedados pelo sultão e, como este príncipe morreu antes de eles partirem, foi o regente do império que lhes entregou os presentes usuais e se despediu deles ([33]).

### Esplendor da corte do Mali

> *Os imperadores do Mali, tão poderosos e ricos como os príncipes árabes, possuíam na capital do reino uma corte sumptuosa e exigiam dos súbditos uma rigorosa obediência:*

O sultão permanece muitas vezes numa alcova que comunica com o palácio por uma porta; esta alcova tem três janelas de madeira revestidas com placas de prata na parte de baixo, e outras três guarnecidas com placas de ouro ou de cobre. Nessa altura, trezentos escravos negros saem da porta do palácio, uns transportando arcos, outros azagaias e escudos. Estes últimos colocam-se à direita e à

---

([33]) Ibn Caldune, *Hist. des Berbères*, t. IV, p. 342.

esquerda e permanecem de pé, enquanto os archeiros se sentam após se terem disposto da mesma maneira. Em seguida, trazem dois cavalos selados e com freio, e dois carneiros destinados, segundo me informaram, a afastar o mau-olhado. Quando o sultão está sentado, saem três escravos a correr e chamam o seu lugar-tenente, Canja-Mussa; em seguida vêm os emires e, depois deles, o pregador e os jurisconsultos. Dougha, o intérprete, permanece junto da porta, vestido com ricos trajos de tecido de seda fina; na cabeça usa um turbante com franjas, muito elegante, consoante a moda do país; na ilharga usa uma espada com bainha de ouro; calça botas, privilégio de que mais ninguém usufrui nesse dia; traz esporas e segura dois dardos na mão, um de ouro e outro de prata, com as pontas em ferro.

Há dias em que o sultão dá as suas audiências debaixo de uma árvore: para isso é ali colocado um trono coberto de seda assente sobre três degraus; revestem-no de almofadas e cobrem-no com um guarda--sol. Este guarda-sol é de seda e tem a forma de uma cúpula encimada por um pássaro de ouro, do tamanho de um gavião. O sultão segura um arco e traz uma aljava às costas; usa um turbante de ouro atado com fitas douradas que terminam em pontas de metal com mais de um palmo de comprimento, semelhantes a punhais. Habitualmente veste roupas encarnadas feitas de um tecido de fabrico europeu. Logo que se senta começam a soar os tambores, cornetas e trompas.

...De todos os povos, os Negros são os mais submissos ao seu rei. Se o soberano chama um dos seus súbditos, este começa por despir a roupa que traz, substituindo-a por uma velha, troca o turbante por um trapo sujo e, ao entrar, desce o saiote até meio das pernas; em seguida, avança com muita solenidade e um ar humilde, batendo com os cotovelos no chão; nessa altura, ergue-se sobre os joelhos e, mantendo--se na posição de quem se prosterna para orar, escuta atentamente as palavras do príncipe. Antes de responder, desnuda as costas e cobre--as de poeira assim como a cabeça: admirou-me muito que não ficassem cegos com aquele cerimonial ([34]).


## O julgamento de Ibn Batuta

*O brilho e a prosperidade do império mandinga provocaram a admiração de um dos raros viajantes que o testemunharam:*

---

([34]) Ibn Batuta, *Voyage...*, pp. 23-27.

*se, como bom muçulmano, ficou chocado com a «licenciosi-
dade» de costumes cuja originalidade não compreendeu, não
pôde deixar de sentir-se encantado com a deferência de que os
brancos, esses mensageiros do comércio e da religião, eram
objecto.*

Aquilo que achei condenável na conduta dos negros:

Os escravos machos e fêmeas e as raparigas aparecem completamente nus em público, sem esconderem nada; as mulheres despem-se totalmente para aparecer diante do sultão e as suas próprias filhas fazem o mesmo; na véspera da interrupção do jejum, vi aproximadamente cem jovens nuas saírem do palácio com víveres; vinham acompanhadas por duas filhas do sultão, jovens já formadas, que nada traziam a cobrir-lhes o corpo ou os seios. Lançam poeira e cinzas sobre a cabeça em sinal de respeito. Recitam poemas de uma maneira ridícula, e grande número deles comem cadáveres, cães e burros.

Aquilo que achei de bom na conduta dos negros:

Os actos de injustiça são raros entre eles; e, de entre todos os povos, os menos inclinados a cometer actos desse género e o sultão não perdoa a quem incorre nessa falta. Reina em todo o país a maior segurança; pode-se viajar ou permanecer lá com toda a tranquilidade, sem receio de roubos ou de rapina. Eles não confiscam os bens dos homens brancos que morrem no seu país; por muito grande que seja o valor destes, não lhes tocam; pelo contrário, entregam as riquezas a procuradores escolhidos entre os homens brancos e elas permanecem em poder destes até que os herdeiros as reclamem. Oram regularmente e frequentam as mesquitas; se os filhos se recusam a aprender a rezar, obrigam-nos a obedecer recorrendo à pancada.

Tendo entrado em dia de festa em casa do cádi, encontrei todos os seus filhos amarrados e pedi-lhe que os soltasse: «Só o farei, respondeu ele, depois de terem aprendido o Alcorão» [35].


## O Songai

*Na altura em que Ibn Batuta percorria o Mali, a cidade
encontrava-se à beira do declínio; o movimento que deslocava
progressivamente para leste os centros da civilização era*

---

[35] Ibn Batuta, *Voyage...*, pp. 33-35.

*inexorável; o enfraquecimento dos Merínidas de Marrocos, onde os Portugueses já haviam chegado, não foi alheio, sem dúvida, ao abandono da rota do Sara ocidental, a pouco e pouco suplantada por aquela que ligava a bacia do Níger à Tunísia e à Cirenaica: o império songai de Gao foi quem mais lucrou com tudo isto.*

*No tempo do esplendor do Gana, o Songai fora, sem dúvida, um reino importante; mas, no século XV, Ali, o Grande (1464-1492) conquistou todo o curso do Níger. Este soberano guerreiro, hostil aos muçulmanos, deixou uma lembrança detestável na memória dos cronistas:*

O sucessor de Silman-Damo, Chi Ali, último rei da dinastia dos Chi, foi um tirano, um debochado, um maldito, um opressor e todos quantos o rodeavam imitaram a sua ignóbil conduta. Nunca foi vencido e saqueou todas as regiões que cobiçava. Nenhum dos seus exércitos conheceu a derrota desde que ele estivesse presente: sempre vencedor, nunca vencido. Atacou todas as regiões, todas as cidades e aldeias desde o país de Kanta até ao Sibiridugu, cavalgando à frente dos seus homens, lutando com os habitantes e devastando os seus territórios.

O Chi Ali foi um rei tirânico, de uma tal dureza de coração que, às vezes, mandava colocar uma criança num almofariz e abrigava a mãe a esmagá-la com um pilão enquanto estava viva; a carne era, em seguida, dada ao cavalos. Era tão ímpio e debochado que não se percebia se se tratava de um muçulmano ou de um infiel, embora ele professasse a dupla fé islâmica.

Os inimigos que mais odiava eram os Fulas e não podia ver um sem o matar, fosse ele quem fosse, sábio ou ignorante, homem ou mulher. Não aceitava um único sábio fula na administração política ou na magistratura: dizimou a tribo fula dos Sangaré, poupando apenas uma fracção tão ínfima que conseguia abrigar-se à sombra de uma única árvore.

Quantas aldeias não destruiu pelas chamas, fazendo perecer todos os habitantes! Submetia as pessoas a toda a espécie de castigos; ora as matava pelo fogo, ora as emparedava, deixando-as morrer assim, ora abria o ventre duma mulher viva para retirar lá de dentro o feto. Em resumo, os seus actos de crueldade e os seus funestos processos de administração foram tão numerosos que um volume não bastaria para os relatar [36].

---

[36] Mahmoud Kati, século XVI, *Ta'Rikh-al-Fattash*, tradução francesa de O. Houdas e M. Delafosse, Paris, 1913, pp. 81-84.

## Tombuctu

*Gao em breve sofreu a concorrência vitoriosa de cidades próximas mais dinâmicas e mais povoadas: Djenné e, sobretudo, Tombuctu, grande porto do deserto situado na margem do Níger, no local de chegada das pistas sarianas, que se tornou a capital comercial e intelectual do Sudão. O eco da sua prosperidade lendária chegou aos ouvidos dos Europeus que nessa altura se aventuravam ao longo da costa ocidental de África.*

*Mas a cidade, que também despertou a cobiça árabe, caiu em poder de Marrocos em 1591. A partir daí, o Sudão, terra de vassalagem, terra de colonização, entrou na dependência do Magrebe.*

## A riqueza do Sudão

### A terra

*Os viajantes árabes, como bons observadores que eram, estavam atentos às paisagens e souberam descrever os produtos da terra:*

Vêem-se grandes árvores seculares, uma das quais bastaria para dar sombra a um exército; algumas são ocas e o seu interior assemelha-se a um poço, por causa da água que se junta lá dentro, que serve para beber. Noutras árvores encontramos abelhas e mel. Ao passar perto de uma delas, fiquei muito admirado ao ver que um tecelão se instalara lá dentro e ali trabalhava. Algumas dão frutos semelhantes a ameixas, maçãs, pêssegos e damascos, mas nem todas são da mesma espécie; algumas produzem frutos parecidos com os pepinos; este fruto, quando maduro, abre-se ao meio e no seu interior existe uma substância semelhante à farinha. Come-se cozida e é vendida nos mercados. Existe lá também um grão semelhante à fava; retiram-no da terra e comem-no frito. Sabe a azedo. Por vezes reduzem-no a farinha e fazem com ela um bolo que, em seguida, fritam com *gherti*. O *gherti* é um fruto semelhante à ameixa e muito açucarado; mas faz mal à saúde dos homens brancos. Esmagam os caroços para deles extrair óleo. Este óleo é utilizado para muitos fins: em cozinhados, para pôr em candeias, para fritar os bolos e para friccionar o corpo. Misturam-no com uma espécie de terra existente na região e essa argamassa serve para cobrir os telhados das casas, à laia de cal. Esse óleo obtém-se facilmente e em grandes quantidades, e é transportado de uma cidade para outra em grandes cabaças, cada uma das quais transporta a mesma quantidade de líquido que uma das nossas talhas. No Sudão, a cabaça atinge um grande volume e, depois de partida ao meio, forma pratos que os indígenas esculpem com belos ornatos. Quando um dos nativos faz uma viagem, é acompanhado por escravos machos e fêmeas que lhe transportam a cama e a louça feita de cabaças [37].

### A troca local

*O comércio de «troca» ou «tráfico» consistia em trocar mercadorias de importação por produtos de exportação.*
*Esse povo de camponeses tradicionais desconhecia a moeda e o mercador estrangeiro podia circular sem gastar dinheiro.*

Quem viaja neste país não leva consigo nem víveres, nem condimentos, nem dinares, nem *dirhems*: apenas necessita de alguns bocados de sal, de missangas e de especiarias. De preferência, o cravinho e a goma. Quando o viajante chega a uma aldeia, as negras levam-lhe leite, galinhas, farinha de palma e arroz (que se assemelha ao grão de mostarda e serve para fazer o cuscuz e o *fouti*). As mulheres trazem também farinha de feijão: o viajante compra-lhe toda aquela de que necessita [38].

### O cobre, o sal e o ouro

*O comércio internacional responsável pela prosperidade do Sudão também não exigia a utilização da moeda.*
*O comércio do cobre, extraído das minas do Sara, contribuiu, talvez numa larga medida, para a grandeza do Mali:*

As casas de Takedda [39] são construídas com pedras vermelhas, a água é incolor e tem mau gosto, porque corre através das minas de cobre que ficam situadas fora da cidade. Escavam a terra para obter esse mineral e depois levam-no para ser fundido pelos escravos. Depois desta operação, o cobre apresenta-se com um aspecto avermelhado e é cortado em barras com um palmo e meio de comprimento, umas finas

---

[37] Ibn Batuta, *Voyage...*, pp. 14-16.

[38] *Ibid., p. 16*

[39] Talvez Agades, para lá de Gao, ou Tademekka no Adrar dos Iforas; mas a existência destas minas é discutida: deveria ler-se «sal» no lugar em que um inábil copista de Ibn Batuta teria escrito «cobre».

outras grossas. Estas últimas vendem-se à razão de 400 por um mitical de ouro ([40]) ; mas, pela mesma soma, podem obter-se 600 ou 700 das primeiras. Estas barras servem de meio de troca; com as finas, compram carne e madeira, e com as grossas adquirem escravos, *dorra*, manteiga e trigo. O cobre é exportado dali para o país dos negros infiéis, para Zagai e Bornu, território situado a quarenta dias de Takedda ([41]).

*Mas foi a milenária «troca muda» do sal pelo ouro que determinou as grandes correntes comerciais desde o Norte do Sara até aos confins misteriosos da Guiné ao sul do Sudão; muitas vezes descrito pelos árabes (Yaqut, Ibn Al-Uardi...), este comércio era ainda intenso no século XV, quando da chegada dos Portugueses:*

Em Tegaza, que significa na nossa língua carregamento de ouro, o sal é extraído em grandes quantidades e os árabes e os morenos transportam-no em grandes caravanas para Tombut [*Tombuctu*] e desse lugar para Mali, império dos Negros, onde é vendido em menos de oito dias ao preço de 200 a 300 miticais a carga, valendo o mitical um ducado aproximadamente; depois regressam ao seu país com o ouro.

Tendo perguntado em que é que os mercadores do Mali utilizam esse sal, responderam-me que o empregam em grandes quantidades, pois, devido à proximidade do equinócio (onde a noite é sempre igual ao dia), há grandes calores numa certa época do ano, o que faz com que o sangue se corrompa e apodreça de tal forma que morreriam se não fosse o sal.

O sal é transportado para Mali em grandes blocos extraídos da mina, que parecem feitos de propósito para serem transportados em camelos. Cada um destes animais leva dois blocos; uma vez em Mali, os negros partem-nos em vários bocados, de maneira a poderem levá-los à cabeça, o que fazem durante um longo percurso, sendo o número de pessoas a pé tão grande que mais parece um exército; e os que transportam o sal levam uma forquilha na mão, que espetam no solo quando estão cansados e à qual encostam o sal; chegam assim até um lençol de água que não sabem se é rio ou se é mar. Os negros não poderiam transportar o sal de outra maneira, pois não têm camelos nem outros animais de carga, os quais não conseguiriam viver naquelas paragens, por causa do calor excessivo.

---

([40]) Acerca do valor das moedas medievais, reportar-se ao léxico do Anexo 1.
([41]) Ibn Batuta, *Voyage...*, pp. 48 e 50-51.

Podem calcular, pois, a multidão de pessoas que transporta esse sal e o número das que o utilizam...

Uma vez chegados a esse lençol de água, procedem da seguinte maneira: os que levam o sal, dispõem-no em forma de montes, assinalando os que lhes pertencem; seguidamente, todos os membros da caravana se retiram durante meio dia para darem lugar a outra espécie de negros que não se querem mostrar, e que vêm de uma ilha; depois de verem o sal, colocam uma certa porção de ouro junto de cada monte e retiram-se, deixando o ouro e o sal; quando estes se vão embora, os outros regressam, guardam o ouro se a quantidade for razoável, caso contrário deixam-no juntamente com o sal, e os outros negros, ao voltar, recolhem os montes de sal que encontraram sem ouro e aumentam a quantidade que deixaram junto dos outros montes, se o desejarem, ou então não tocam no sal.

E dessa maneira trocam as mercadorias uns com os outros, sem se verem nem falarem, em obediência a um longo e antigo costume que se nos afigura estranho e quase inacreditável.

Perguntei aos mercadores como era possível que o imperador do Mali, um senhor tão grande e poderoso, não tivesse procurado saber, fosse por que meios fosse, quem era aquela espécie de gente que não permite que a vejam ou que lhe falem. Responderem-me que, não há muito tempo, um imperador decidira capturar um deles: nem assim conseguiram arrancar-lhe uma única palavra (embora tivessem utilizado diversas línguas), ou obrigá-lo a comer; de forma que, quatro dias mais tarde, morreu, o que levou os Negros do Mali a pensar que eles são mudos.

Interroguei-os acerca da natureza e da corpulência daqueles negros e eles responderam que eram muito escuros, de corpo bem constituído, mais altos um palmo do que eles próprios; e têm (disseram) o lábio superior pequeno como o nosso, mas o inferior quase da largura de um palmo, espesso e vermelho como se estivesse prestes a espirrar sangue. Devido a esta deformidade, apresentam as gengivas descobertas e os dentes, que afirmam serem maiores que os dedos, e os olhos são negros, o que lhes dá uma expressão feroz. E, quando da captura e morte desse negro, os outros sentiram-se tão ofendidos que durante três anos deixaram de ir trocar o sal pelo ouro da forma habitual. Os Negros do Mali acreditam que os lábios daqueles negros começaram a corromper--se e apodrecer por causa do calor excessivo que há no país deles e que não pode comparar-se ao dos outros; de forma que, tendo suportado aquela enfermidade e morte durante três anos, tendo, em resumo, aguentado o mais que puderam, foram obrigados a retomar e renovar o seu antigo costume para obter o sal, sem o qual não podem viver durante muito tempo ([42]).

> *O comércio mudo do ouro prolongou-se até ao princípio do século XIX, altura em que foi descrito pelos primeiros exploradores europeus:*

Afirma-se que a capital de Uangara, que dizem estar situada ao sul de Tombuctu, é uma grande cidade, nos arredores da qual existe muito ouro. O homem que me forneceu estas informações acrescentava que há um povo invisível que habita nas proximidades e pratica o comércio da seguinte maneira: os comerciantes que vêm negociar trazem as mercadorias durante a noite, colocam-nas em monte num local determinado e depois retiram-se. No dia seguinte de manhã encontram, em frente de cada objecto para venda, uma quantidade de pó de ouro equivalente ao preço que pretendem dar por ele. Quando os mercadores regressam, guardam o ouro se a quantidade os satisfaz e deixam as mercadorias. Caso contrário, não tocam em nada até que seja acrescentada uma quantidade suficiente ao pó de ouro. Estes comerciantes são geralmente encarados como diabos que gostam muito de panos vermelhos, o principal objecto de troca ([43]).

> *Os próprios Negros do Mali não conheciam nem as minas nem os produtores de ouro. Por isso circulavam no mundo árabe as lendas mais estranhas acerca da origem desse metal.*

O rei do Mali observa tréguas perpétuas em relação às populações que trabalham o ouro e que, em troco disso, lhe pagam tributo. Abu Hassan Ali interrogou-o acerca dessas plantas de ouro. Ele respondeu-lhe que as havia de duas espécies: uma que aparece na Primavera e cresce no deserto depois das chuvas, possui folhas semelhantes às do *najil* e as raízes constituem o ouro nativo; a outra espécie existe durante todo o ano em lugares conhecidos, nas margens do Nilo. Cavando buracos, encontram-se as raízes de ouro sob a forma de pedras ou de calhaus. Ambas são aquilo a que se chama ouro nativo; no entanto, a primeira é de qualidade e valor superiores ([44]).

---

([42]) A. Cadamosto, 1457, *Relation de voyages à la Côte Occidentale d'Afrique*, publicado por Ch. Schefer, Paris, 1895, p. 52 e segs.

([43]) Capitão G. F. Lyon, *Voyages dans l'intérieur de l'Afrique en 1818, 1819 e 1820*, traduzido do inglês, Paris, 1922, p. 151.

([44]) Al'Omari, 1338, I, *L'Afrique moins l'Egypte*, tradução francesa de M. Gaudefroy-Demombynes, Paris, 1927, pp. 70-71.

*Quanto aos povos produtores, eram ainda mais temidos porque os consideravam antropófagos:*

Mansa-Mussa castigou um cádi [*juiz*] branco desonesto, expulsando-o para o país dos Kafirs [*infiéis*] antropófagos, onde o infeliz passou quatro anos antes de ser novamente chamado. Os indígenas não o quiseram comer porque ele era branco; a carne dos brancos, segundo eles, é pouco saudável porque ainda não atingiu a maturidade perfeita, como seria o caso da carne dos negros.

Um bando desses negros antropófagos, acompanhado pelo seu emir, foi apresentar-se ao sultão Mansa-Mussa. Traziam nas orelhas grandes anéis com meio palmo de diâmetro e apresentavam-se vestidos com um manto de seda. Há minas de ouro no país deles. O sultão recebeu-os com todas as honras e deu-lhes uma escrava como presente de hospitalidade. Aqueles selvagens mataram-na imediatamente e, depois de a comerem, besuntaram a cara e as mãos com o sangue da vítima e foram apresentar-se ao sultão para lhe agradecer. Disseram-me que fazem aquilo sempre que visitam o sultão e que consideram as mãos e as mamas os bocados mais apetitosos ([45]).

*Deparamos, em última análise, com as lacunas dos conhecimentos medievais: salvo raras excepções, nem os homens nem os lugares eram conhecidos e, ainda menos, compreendidos, embora os árabes fossem, nesse domínio, muito superiores aos viajantes europeus que iriam substituí-los; efectivamente, os progressos do Ocidente e a anarquia interior do império, que pouco a pouco caiu nas mãos dos Turcos otomanos, iriam pôr fim à expansão árabe; depois do século XV, só um grande viajante do Islão percorreu o continente negro: Leão, o Africano. Este sábio geógrafo, capturado por marinheiros cristãos durante uma das suas viagens, protegido pelo papa Leão X, transmitiu ao mundo cristão a súmula dos conhecimentos árabes acerca da África. Ao mesmo tempo, a alteração das correntes comerciais tradicionais, provocada pela entrada em acção dos Portugueses, iria abrir um novo campo de investigação aos espíritos curiosos e aos aventureiros; mas, menos sábios ou mais sistematicamente «interessados» que os árabes, os europeus não fizeram mais do que agravar, de uma forma que se repercutiu durante séculos, a incompreensão de que eram objecto os povos negros, desconhecidos e pagãos, portanto duplamente desprezíveis.*

---

([45]) Ibn Batuta, *Voyage...*, pp. 39-41.

# QUADRO SINCRÓNICO DO ISLÃO ATÉ AO SÉCULO XIV
## E AS PRIMEIRAS TENTATIVAS EUROPEIAS

| HISTÓRIA INTERNA DA ÁFRICA NEGRA | DESCOBERTA DA ÁFRICA NEGRA | HISTÓRIA GERAL |
|---|---|---|
| | | 622: A Hégira. |
| | | 642-643: Conquista árabe do Egipto e da Cirenaica. |
| Séculos V-X: Civilização dos Construtores de pedra na África Oriental. | | 666: Fundação de Cairuão. |
| | | 732: Carlos Mardel vence os Árabes em Poitiers. |
| | 734: A 1.ª expedição árabe ao Sudão. | 750-1258: Os califas abássidas. |
| 790?: Fundação do Gana. | | |
| | Cerca de 800: O Islão chega a Madagáscar. | 800: Coroação de Carlos Magno. |
| Século X: Apogeu do Gana. | 947: Al- Masudi: As Pradarias de Ouro. | |
| 1054: Saque de Audaghost. | | 962: O Sacro Império Romano Germânico. |
| Século XI: Formação do Barnu. | | 1055: Os Almorávidas na Berbéria. |
| Século XI: Formação das cidades Haussa. | 1068: Al-Bakri: Descrição de África. | |
| 1076: Nascimento do Sorno. | | |
| 1077: Gana conquistada pelos Almorávidas. | | |
| 1086: Conversão do rei do Bornu ao Islão. | | 1095-99: Gregório VII prepara a 1.ª Cruzada. |
| Séculos XI e XII: Formação dos reinos Mossi (ao sul da curva do Níger). | | 1202-4: 4.ª Cruzada (conquista de Constantinopla. |

1230: Subida ao poder de Sundiata no Mali.

1235: Queda do Sosso.

Século XIII: Fundação do Uadai. Apogeu do reino de Ifé (Benim).

1324: Peregrinação de Mansa-Mussa (imperador do Mali) a Meca.

Século o XIV: Conversão ao Islão dos príncipes Haussa.

Séculos XIV-XVI: Reino Luba.

Séculos XIV-XV: Estado do Kitara em volta dos Lagos.

1232?: 1.ª menção da agulha magnética num texto árabe.

Antes de 1283: Viagem ao Sara do mensageiro de um cardeal.

1291: Os irmãos genoveses Vivaldi na costa ocidental.

Antes de 1312: Os marinheiros de Cherburgo nas ilhas Canárias.

Antes de 1327: Mohammed Ben Ragana na costa ocidental.

1336: O genovês Lanzarotte Malocello nas Canárias.

1346: Jacme Ferrer nas Canárias.

1346: O arquitecto andaluz Es-Sahéli morre em Tombuctu.

1352-56: *Viagens* de Ibn Batuta.

1364: Hipotética viagem de naturais de Diepa à Guiné.

1212: Derrota almóada em Navas de Tolosa.
1215: A Magna Carta inglesa.

1241-1252: 7.ª cruzada.
1250-1517: Os sultões mamelucos no Egipto.
1258: Fim do califado abássida em Bagdade.
1270: Morte de S. Luís em Tunes.

1299: Otman I (os Turcos Otomanos).

1386: Conquista da Pérsia por Tamerlão.
1399: Henrique III de Castela conquista Tetuão.

# 3. OS PORTUGUESES
## OU O COMÉRCIO CONQUISTADOR

*Até ao fim do século XIV, a descoberta da África foi obra do Islão, senhor do Mediterrâneo meridional e do oceano Índico, as duas artérias vitais do comércio marítimo.*

*Significa isto que os Europeus nunca tinham enfrentado o oceano Atlântico, objecto de tantos receios? Desde a Antiguidade que a rota do norte em direcção ao estanho da Cornualha era conhecida e, embora no século XIII a Europa preferisse a via interior que, ligando as cidades italianas às cidades flamengas através do vale do Ródano, fez a fortuna das feiras de Champagne ou de Lião, a navegação de cabotagem no Atlântico servia as cidades tecelãs da Flandres, centro do capitalismo nascente.*

*Em contrapartida, para o sul, ao largo da costa marroquina, as tentativas foram raras e mal sucedidas: o fracasso dos irmãos Vivaldi de Génova, que partiram em 1281 para o «Rio do Ouro» e dos quais nada mais se soube, só veio aumentar os terrores por essas zonas tórridas do sul, povoadas por uma fauna extraordinária e perigosa, onde o mar, cada vez mais quente, dizia-se, acabava por entrar em ebulição...*

*O objectivo dos primeiros navegadores que se aventuraram no Atlântico não era tanto, aliás, descobrir a África, como contorná-la pelo sul para atingir o Oriente: mais do que o ouro do Sudão, eram as sedas, as pedras preciosas e as especiarias (elemento indispensável à alimentação e, sobretudo, à farmacopeia medieval) da Índia e da China que despertavam as cobiças.*

*Também se interpretou muitas vezes a marcha em direcção à África como a resposta de um Ocidente em plena transformação face ao progressivo avanço turco que ameaçava, com a tomada do Próximo Oriente, desorganizar as vias tradicionais este-oeste do comércio internacional. No entanto, até ao fim do século XV, o trânsito ao longo das pistas de caravanas que sulcavam a África, ou das rotas marítimas do oceano Índico e do golfo Pérsico continuou intenso: se o desmoronamento do califado tinha, no século XIII, perturbado o comércio da Pérsia e da Mesopotâmia, se a revolta dos povos da Ásia contra os Tártaros dominadores e fanáticos (revolta que pusera fim à «paz mongol» instaurada pelo império de Gengis Khan) havia interrompido, no século seguinte, a rota do norte e tornado pouco segura a rota central, Tamerlão, em 1363, pôs fim ao caos, transformando o florescente mercado de Samarcanda no grande entreposto do comércio da Ásia, enquanto ao sul passava a ser utilizada a rota marítima: os sultões mamelucos, tendo vencido os Mongóis, fundaram no Egipto um poderoso império que garantiu, a partir do século XIV, o acesso ao mar Vermelho; como hábeis políticos que eram, souberam alimentar, após as Cruzadas, a sede de comércio de venezianos, genoveses, pisanos, marselheses e catalães que passaram a abastecer-se de especiarias em Alexandria.*

*Este período brilhante do Egipto medieval só passou a ressentir-se com o avanço otomano ([1]) em 1516, data em que os Turcos chegaram ao oceano Índico: as grandes descobertas já então tinham terminado e deve dizer-se que elas provocaram o brusco declínio do Mediterrâneo e não foram uma consequência do mesmo.*

*Mas teriam os promotores da circum-navegação de África pensado nesse declínio do comércio mediterrânico? Teriam eles projectado retirar aos muçulmanos infiéis o monopólio do comércio das especiarias, «ferindo o Islão pelas costas» através de um movimento que aliasse os europeus aos reinos cristãos de África, em obediência a um vasto plano de bloqueio que responderia aos imperativos económicos e simultaneamente às exigências religiosas?*

*Falou-se muito, a propósito disso, do Preste João: os cristãos, para executarem este plano grandioso, ter-se-iam precipitado em direcção ao centro do continente negro: o seu império fabuloso, situado até então algures na Ásia, foi, com efeito, progressivamente identificado com a Etiópia, núcleo cristão isolado desde o século IV.*

*Os textos acerca da santidade e da riqueza deste rei lendário são, é certo, bastante loquazes; mas esta interpretação da descoberta da África nem por isso deixa de ser duplamente anacrónica; por um lado, porque no século XV o fervor da expansão religiosa se encontrava muito*

---

([1]) Império «anatólio-balcânico» que até aí não ameaçava senão o Norte da Europa, em direcção ao mar Negro e ao frágil Império bizantino.

*enfraquecido: à medida que se desenvolveram, graças a vários séculos de cruzadas, as transacções entre o Oriente e o Ocidente, o espírito religioso dera lugar às exigências económicas crescentes de uma Europa cristã cada vez mais ávida de ouro e de especiarias; por outro lado e, sobretudo, porque é absurdo atribuir ao longínquo Portugal, esse reino medieval situado na extremidade sudoeste do Ocidente, objectivos políticos de alcance mundial, numa época em que essas noções não existiam.*

*Mas então por que foi, na verdade, Portugal, com os seus meios limitados, a sua moeda detestável e a sua frota reduzida, que abriu caminho?*

*É que esse pequeno Estado, geograficamente excêntrico, sentia, mais do que os outros, uma atracção pelo oceano; voltando de certa maneira as costas à Europa medieval, o seu povo de marinheiros e pescadores, cujas cidades eram todas portos de mar, escapara às querelas e às razias da Guerra dos Cem Anos; finalmente, o país terminara, muito antes da Espanha, a reconquista dos territórios muçulmanos, passando a dispor repentinamente dum pequeno exército de nobres mais ou menos arruinados, sequiosos de aventuras, mas reduzidos à inacção da paz interna: Portugal, no limiar do século XV, encontrava-se disponível.*

*É claro que, por toda a Europa, o surto comercial e demográfico do século XIII e princípios do século XIV modificara profundamente as estruturas económicas e sociais: nascera uma nova classe dirigente de empresários capitalistas; os mercadores associavam-se, os marinheiros formavam, para o comércio de longo curso, sociedades de exploração e companhias de seguros colectivas que permitiam uma divisão judiciosa dos riscos e dos benefícios. Mas a vantagem de Portugal no século XV foi o triunfo, mais acentuado do que em qualquer outro país, da burguesia das cidades: a nova dinastia de Avis, que a revolução de 1383, contra o endurecimento da nobreza rural e da feudalidade decadente, levou ao poder, favoreceu resolutamente a política das cidades; Portugal surgia como um país novo face aos velhos países tradicionalmente voltados para o Mediterrâneo, que se ressentiam dum longo período de recessão económica desde que a peste negra da época de 1340, ao dizimar as populações, acentuara a penúria da mão-de-obra, provocara uma subida geral dos salários e agravara a fuga do ouro. Com o apoio do Estado, a burguesia portuguesa no poder conseguiu resolver o desequilíbrio financeiro, alargando o campo de acção económica: a corrida ao ouro sudanês, indispensável às transacções financeiras entre a Europa e o Oriente, mas cujo mercado permanecera até então nas mãos do Magrebe, foi uma das causas decisivas da expansão.*

*Estes marinheiros dinâmicos souberam, no momento propício, utilizar as descobertas científicas e técnicas que os árabes haviam transmitido, graças às Cruzadas, aos marinheiros genoveses e catalães e que os sábios cartógrafos judeus de Maiorca interpretaram: a bússola era conhecida na Europa desde o século XIII; os primeiros portulanos com algumas precisões sobre a África surgiram no início do século XIV e a caravela cujas amuradas muito elevadas permitiram enfrentar a ondulação forte do Atlântico surgiu em Portugal por volta de 1140; o leme de cadaste – que substituía o simples leme em forma de remo – e o velame aperfeiçoado dispensavam a cabotagem, impossível no regresso ao longo da costa da África, devido aos ventos alísios e às correntes contrárias; finalmente, a invenção da medida da declinação solar permitiu calcular a latitude no hemisfério sul, onde não eram visíveis as constelações conhecidas, e a navegação tornou-se mais fácil.*

*Invoca-se com frequência a responsabilidade científica do irmão do regente D. Pedro, o célebre Infante D. Henrique, o Navegador; ao criar, a partir de 1418, no seu castelo de Sagres, junto do promontório mais saliente e mais isolado do Sul de Portugal, uma espécie de instituto de geografia e de cartografia, verdadeiro laboratório onde se prepararam as grandes descobertas, ele teria sido o demiurgo da expansão portuguesa; de facto, o trabalho ali realizado não teve nem a continuidade nem o rigor que lhe foi atribuído pelos homens da Renascença, seduzidos talvez por esse retrato de erudito iluminado. Henrique, o Navegador foi talvez o personagem austero, casto e misterioso cuja imagem nos legaram alguns dos seus contemporâneos; verdadeiro cruzado movido pelo desejo obstinado de destruir o Islão, exerceu sem dúvida uma influência decisiva em 1415 no desembarque de Ceuta, uma das raras expedições em que participou, ponto de partida das descobertas; talvez não fosse tão desinteressado como parecia, uma vez que conseguiu obter o controlo financeiro das expedições e recebeu, desde 1443 até morrer (1460), o quinto dos lucros de todas as viagens ao sul do cabo Bojador (a sul de Marrocos); seja como for, não é de admitir uma interpretação puramente biográfica das grandes descobertas: a expansão oceânica não foi obra de um só homem, mas de um grupo social e de uma época; o objectivo confessado dos Portugueses era mercantil; os seus métodos foram simultaneamente mais empíricos e mais sistemáticos, menos científicos e intelectualmente menos curiosos que os dos Árabes, esses geógrafos sensíveis, esses grandes viajantes da Idade Média; os Portugueses descobriram terras, portos, produtos, mercados, rotas comerciais, e, só acessoriamente, homens.*

# Preliminares

## Infante D. Henrique, *o Navegador*

> *Gomes Eanes de Zurara, escudeiro do príncipe Henrique, foi encarregado pelo Infante de escrever a epopeia portuguesa: veremos no texto que se segue como é que esse panegirista, em atitude de perfeito cortesão, contribuiu sem dúvida para aperfeiçoar a lenda do excessivamente famoso Henrique, o Navegador.*

As cinco razões que levaram
o Infante D. Henrique a mandar
descobrir a costa da Guiné.

E pois que nos capítulos antes deste temos posto o senhor Infante por principal obrador destas cousas, dando nós dele aquele claro conhecimento que podemos, bem é que em este presente capitulo saibamos a fim por que as fez.

E vós deveis bem de notar que a magnanidade deste Principe, por um natural constrangimento, o chamava sempre para começar e acabar grandes feitos, por cuja razão depois da tomada de Ceuta sempre trouxe continuadamente navios armados contra os infieis; e porque ele tinha vontade de saber a terra que ia a alem das ilhas de Canaria, e de um cabo que se chama do Bojador, porque até áquele tempo, nem por escritura nem por memoria de nenhuns homens, nunca foi sabido determinadamente a qualidade da terra que ia a alem do dicto cabo.

Bem é que alguns diziam que passara por ali S. Brandão, outros diziam que foram lá duas galés e que nunca mais tornaram. Mas isto não achamos por nenhum modo que podesse ser, porque não é de presumir que se as dictas galés lá foram, que outros alguns navios se não intrometeram de saber a viagem que fizeram.

E porque o dicto senhor quis disto saber a verdade, parecendo-lhe que se ele ou algum outro senhor se não trabalhasse de o saber, nenhuns mareantes nem mercadores nunca se disso intrometeriam, porque claro está que nunca nenhuns daquestes se trabalham de navegar senão para donde conhecidamente esperam proveito; e vendo outrossim como nenhum outro principe se trabalhava disto, mandou ele contra aquelas partes seus navios, por haver de tudo manifesta certidão, movendo-se a isso por serviço de Deus e del-Rei D. Eduarte seu senhor e irmão, que áquele tempo reinava. E esta até que foi a primeira razão de seu movimento.

E a segunda foi porque considerou que, achando-se em aquelas terras alguma povoação de Cristãos, ou alguns taes portos em que sem perigo podessem navegar, que se poderiam para estes reinos trazer muitas mercadarias, que se haveriam de bom mercado, segundo razão, pois com eles não tratavam outras pessoas destas partes, nem doutras nenhumas que sabidas fossem; e que isso mesmo levariam para lá das que em estes reinos houvesse, cujo trafego trazeria grande proveito aos naturaes.

A terceira razão foi porque se dizia que o poderio dos Mouros daquela terra d'Africa era muito maior do que se comummente pensava, e que não havia entre eles Cristãos nem outra alguma geração. E porque todo sisudo, por natural prudencia, é constrangido a querer saber o poder de seu inimigo, trabalhou-se o dicto senhor de o mandar saber, para determinadamente conhecer até onde chegava o poder daqueles infieis.

A quarta razão foi porque de XXXI anos que havia guerreava os Mouros, nunca achou rei Cristão nem senhor de fora desta terra que por amor de nosso senhor Jesus Cristo o quisesse á dita guerra ajudar. Queria saber se se achariam em aquelas partes alguns principes Cristãos em que a caridade e amor de Cristo fosse tão esforçada que o quisessem ajudar contra aqueles inimigos da Fé.

A quinta razão foi o grande desejo que havia de acrecentar em a santa fé de nosso senhor Jesus Cristo, e trazer a ela todalas almas que se quisessem salvar, conhecendo que todo o misterio da encarnação, morte e paixão de nosso senhor Jesus Cristo foi obrado a este fim, scilicet, por salvação das almas perdidas, as quaes o dito senhor queria, por seus trabalhos e despesas, trazer ao verdadeiro caminho, conhecendo que se não podia ao senhor fazer maior oferta; que se Deus prometeu cem bens por um, justo está que creiamos que por tantos bens, scilicet, por tantas almas quantas por azo deste senhor são salvas, ele tenha no reino de Deus tantos centenarios de galardões, por que a sua alma depois desta vida possa ser glorificada no celeste reino; que eu, que esta historia escrevi, vi tantos homens e mulheres daquelas partes tornados á santa Fé, que ainda que este principe fora gentio, as orações daquestes eram abastantes para o trazer á salvação. E não tão sómente vi aquestes, mas vi seus filhos e netos tão verdadeiros Cristãos como se a divinal graça espirara em eles para lhes dar claro conheci-mento de si mesmo [2].

---

[2] Gomes Eanes de Zurara, *Crónica de Guiné,* cap. VII, pp. 43, 44, 45 e 46, Livraria Civilização, Barcelos, 1973.

## Os terrores medievais

*A fronteira meridional do mundo conhecido não ultrapassou, durante muito tempo, o Sul de Marrocos, em frente das Canárias, no «cabo Bojador», que os Portugueses confundiram sem dúvida com o cabo Juby, situado 150 quilómetros mais para norte; este cabo, que pouco se erguia acima das águas, estava rodeado de baixios e de correntes rápidas e exposto a ventos que arrastavam os navios para a costa, era perigoso e temido e ninguém ousava dobrá-lo; deste modo, a passagem do cabo Bojador por Gil Eanes, em 1434, foi um acontecimento capital que marcou o princípio das descobertas portuguesas.*

Por que razão não ousavam os navios passar a alem do cabo Bojador.

Posto assim o Infante em aqueste movimento, segundo as razões que já ouvistes, começou de aviar seus navios e gentes, quaes a necessidade do caso requeria; mas tanto podeis aprender que pero lá enviasse muitas vezes, e ainda homens que, por experiencia de grandes feitos, antre os outros haviam no oficio das armas avantajado nome, nunca foi algum que ousasse de passar aquele cabo do Bojador para saber a terra de alem, segundo o Infante desejava.

E isto por dizer verdade, nom era com mingua de fortaleza nem de boa vontade, mas por a novidade do caso, misturado com geral e antiga fama, a qual ficava já entre os mareantes de Espanha, quasi por sucessão de gerações. E já seja que fosse enganosa, porque a experiencia disto ameaçava com o postumeiro dano, era grande duvida qual seria o primeiro que quisesse poer sua vida em semelhante aventura.

– «Como passaremos – deziam eles – os termos que poseram nossos padres, ou que proveito pode trazer ao Infante a perdição de nossas almas juntamente com os corpos, que conhecidamente seremos homicidas de nós mesmos? Porventura não foram em Espanha outros principes nem senhores tão cobiçosos desta sabedoria como o Infante nosso senhor? Por certo, não é de presumir que entre tantos e tão nobres e que tão grandes e tão altos feitos fizeram por honra de sua memoria, não fora algum que se disto não antremetera. Mas sendo manifestos do perigo e fora da esperança da honra nem proveito, cessaram de o fazer.»

– «Isto é claro – deziam os mareantes – que depois deste Cabo não ha aí gente nem povoação alguma; a terra não é menos areosa que os desertos de Libia, onde não ha agua, nem arvore, nem herva verde; e o mar é tão baixo, que a uma legua de terra não ha de fundo mais que uma braça. As correntes são tamanhas, que navio que lá passe, jamais nunca poderá tornar. E portanto os nossos antecessores nunca se antremeteram de o passar. E por certo não foi a eles o seu conhecimento de pequena escuridão, quando o não souberam assentar nas cartas por que se regem todolos mares por onde gentes podem navegar. Ora qual pensais que havia de ser o capitão do navio a que posessem semelhantes duvidas diante, e mais por homens a que era razão de dar fé e autoridade em taes lugares que ousasse de tomar tal atrevimento, sob tão certa esperança de morte como lhe ante os olhos apresentavam?»

...cujo grande engano foi causa de mui grandes despesas, que doze anos continuados durou o Infante em aqueste trabalho, mandando em cada um ano áquela parte seus navios, com grande gasto de suas rendas, nos quaes nunca foi algum que se atrevesse de fazer aquela passagem ([3]).

## 1434: Gil Eanes dobra o cabo Bojador

E finalmente, depois de doze anos, fez o Infante armar uma barca da qual deu a capitania a um Gil Eanes, seu escudeiro, que ao depois fez cavaleiro e agasalhou mui bem, o qual seguindo a viagem dos outros, tocado daquele mesmo temor, não chegou mais que as ilhas de Canaria, donde trouxe certos cativos com que se tornou para o reino. E foi isto no ano de Jesus Cristo de mil quatrocentos e trinta e tres.

Mas logo no ano seguinte, o Infante fez armar outra vez a dita barca, e, chamando Gil Eanes a de parte, o encarregou muito que todavia se trabalhasse de passar aquele Cabo; e que ainda que por aquela viagem mais não fizesse, aquilo teria por assaz.

– «Vós não podeis – disse o Infante – achar tamanho perigo que a esperança do galardão não seja muito maior. E em verdade eu me maravilho que imaginação foi aquesta que todos filhaes, de uma cousa de tão pequena certidão, que se ainda estas cousas que se dizem tivessem alguma autoridade, por pouca que fosse, não vos daria tamanha culpa. Mas quereis-me dizer que por opinião de quatro mareantes, os quaes, como são tirados da carreira de Flandres ou de alguns outros portos para que comummente navegam, não sabem mais ter agulha nem carta para marear. Porem vós ide todavia e não temaes sua opinião, fazendo vossa viagem, que, com a graça de Deus, não podereis dela trazer senão honra e proveito.»

---

([3]) Gomes Eanes de Zurara, *Crónica de Guiné,* cap. VIII, pp. 49, 50 e 51.

E o Infante era homem de mui grande autoridade pela qual suas admoestações, por grandes que fossem, eram para os sisudos de mui grande encargo, como se mostrou por obra em aqueste, que depois destas palavras determinou em sua vontade não tornar mais ante a presença de seu Senhor, sem certo recado daquilo por que o enviavam. Como de feito fez, que daquela viagem, menospreçando todo perigo, dobrou o Cabo a alem, onde achou as cousas muito pelo contrairo do que ele e os outros até ali presumiam.

E já seja que o feito, quanto á obra, fosse pequeno, só pelo atrevimento foi contado como grande; que se o primeiro que chegou a cerca daquele Cabo fizera outro tanto, lhe fora tão louvado nem agradecido; mas quanto o perigo da cousa aos outros foi posto em maior temor, tanto trouxe maior honra ao cometimento daqueste.

E então lhe contou todo o caso como passara, dizendo como fizera lançar o batel fora, no qual saira em terra, onde não achara gente alguma, nem sinal de povoação.

– «E porque, senhor – disse Gil Eanes –, me pareceu que devia trazer algum sinal de terra, pois que em ela saía, apanhei estas hervas que aqui apresento a Vossa Mercê, as quaes nós em este reino chamamos rosas de Santa Maria ([4]) .

## Os «morenos»

*Uma vez ultrapassado o cabo Bojador, os Portugueses contentaram-se ainda durante muito tempo com a exploração das costas desérticas, percorridas apenas por algumas tribos de mouros nómadas:*

O rio do Senegal, que é muito grande, separa um povo chamado Azanagas *[Zenaga]* do primeiro reino dos negros. E estes Azanagas são morenos, duma cor a tender para o castanho; e moram em certo lugar desta costa que fica para além do cabo Branco, mas a maior parte deles vagueia pelo deserto que confina com os árabes de Hoden; vivem, segundo todas as aparências, de tâmaras, cevada e leite de camelo; mas, porque estão muito perto da primeira terra dos negros, fazem trocas com eles. Graças a isso, arranjam milho e outros legumes com que se sustentam. Na verdade, são gente de poucos gastos, que suporta bem a fome, uma vez que aguentam um dia inteiro comendo apenas uma escudela de farinha de milho.

---

([4]) Gomes Eanes de Zurara, *Crónica de Guiné*, cap. IX, pp. 53, 54 e 55.

Os Portugueses capturavam-nos e vendiam-nos como sendo os melhores escravos de toda a terra dos negros. Mas de há um certo tempo para cá, a paz foi restabelecida e apenas se faz comércio de mercadorias; o senhor Infante já não permite mais surtidas nem que se cometam danos, pois tem a esperança de que com o convívio familiar e amável dos cristãos eles se convertam à nossa fé, tanto mais que ainda não estão muito firmes na lei e na doutrina maometana, segundo ouvi dizer.

Estes Azanagas têm uma estranha maneira de vestir; usam um pano enrolado na cabeça e deixam cair uma ponta sobre o rosto, com a qual cobrem a boca e parte do nariz; dizem que a boca é uma coisa repugnante que chegam a comparar com a menos honesta das partes vergonhosas e portanto essas duas partes devem andar cobertas. Entre eles não existem senhores, excepto aqueles que ultrapassam os outros em riqueza, que são mais honrados e mais obedecidos pelos outros, pobres criaturas que roubam mais do que todos os outros homens e são tratados como tal. A sua estatura é vulgar e são magros, têm o cabelo crespo a cobrir-lhes os ombros, parecido com o dos alemães mas em negro, e todos os dias o untam com pez, o que lhes dá um cheiro nauseabundo que, no entanto, consideram muito agradável ([5]).

## A costa da Guiné

### O Senegal

*Em 1445, chegava-se à foz do Senegal; dez anos mais tarde, Cadamosto, senhor veneziano ao serviço do rei de Portugal, visitou a costa da qual deixou esta pitoresca descrição:*

### O rio e o reino

Acerca do grande rio chamado a ribeira de Senéga antigamente chamado Níger e de como foi encontrado.

Desde que ultrapassámos o cabo Branco, navegámos sempre à vista deste último até ao rio que se chama Senéga, que é o primeiro e o maior

---

([5]) A. Cadamosto, 1457, *Relation de voyages à la Côte Occidentale d'Afrique*, publicado por Ch. Schefer, Paris, 1895, pp. 49-51.

de toda a terra dos negros; e entrámos por essa costa em que aquele rio separa os negros dos morenos conhecidos por Azanagas, dividindo de modo semelhante a terra seca e árida (que é o deserto já referido) do país fértil dos negros.

Este rio é grande, a sua foz tem mais de uma milha de largura, é bastante profundo e apresenta ainda outro braço com uma ilha no meio. Assim, desagua por dois lados, em cada um dos quais existem vários bancos de areia e vagas fortes que fazem sentir os seus efeitos pelo mar dentro; e nesse lugar a maré sobe e vaza de seis em seis horas, e a maré-cheia faz-se sentir numa extensão de sessenta milhas de rio, segundo me disseram os Portugueses, que frequentaram durante muito tempo aquelas paragens. E quem quiser entrar nele tem que navegar segundo a ordem das águas, por causa dessas vagas que existem na foz do rio, que fica a uma distância de 380 milhas do cabo Branco. E parece-me muito estranho e admirável que a partir desse rio todos os povos sejam muito negros, grandes, gordos, altos, bem constituídos, o país verdejante, com muitas árvores e fértil; e do lado de cá desse rio, os habitantes são magros, de pequena estatura e o país é seco e estéril. Este rio (segundo a opinião de muita gente) é um braço do Gion que tem a sua origem no paraíso terrestre e foi chamado Níger pelos antigos; este Gion que banha toda a Etiópia, ao aproximar-se do mar Oceano a Ocidente (onde desagua), divide-se em vários braços e rios, entre os quais o de Senéga. Outro braço deste mesmo rio é o Nilo que passa pelo Egipto e se junta ao nosso mar Mediterrâneo.

O país destes negros junto do reino de Senéga é o primeiro reino dos negros da Baixa Etiópia, e os povos que habitam nas suas margens chamam-se Gilofes *[Uolof]*. Segundo me disseram, este reino de Senéga confina do lado do nascente com um país chamado Tuchulor *[Tucolor]*, do lado do sul com o reino de Gambra *[Gâmbia]*, a ocidente com o mar Oceano e do lado da tramontana junta-se com o rio já citado.

## O sistema tribal

Quando cheguei àquelas regiões, o rei de Senéga chamava-se Zucholin e teria uns vinte e dois anos de idade; não se pode aspirar à sucessão deste reino por direito hereditário. Mas há senhores que, espicaçados por vezes pela cobiça dos seus domínios, se reúnem aos três e aos quatro e criam um rei à medida da sua fantasia, dando-lhe um título nobre, nas mãos do qual o governo permanece enquanto isso aprouver aos senhores e consoante o bom tratamento que ele lhes dispensar; de tal maneira que há alguns que, após se tornarem reis, aumentam tanto as suas forças e adquirem tanto poder que passam a dispor de meios para se defender contra todos aqueles que se declararem seus inimigos. Assim, o domínio não é estável nem garantido como o do Sudão do Cairo, mas aquele que o possui permanece sempre sob a ameaça da morte ou da expulsão do seu reino.

Este não é comparável aos da nossa Cristandade, pois aqueles reinos são habitados por pobres criaturas selvagens; não existe ali nenhuma cidade, mas apenas aldeias com casas de palha, pois eles desconhecem a arte de as fabricar em pedra, porque não têm cal e são incapazes de fazer tijolos.

O reino é igualmente de pequena extensão, pois não se prolonga por mais de 200 milhas de costa e a largura é sensivelmente a mesma, como já informei.

O rei não tem o rendimento dos impostos assegurado; mas os senhores, para se conservarem nas suas boas graças, oferecem-lhe de presente, todos os anos, alguns cavalos, que são muito procurados, pois o seu número é escasso; e encontramos aí algum gado tal como vacas e cabras e há legumes, milho e outras coisas semelhantes. Este rei vive ainda da captura de escravos, tal como os vizinhos, dos quais se serve de várias maneiras, sobretudo para cultivar os seus domínios; além disso, vende um grande número deles aos Azanagas e mercadores árabes, que levam para os mercados cavalos e outras coisas. Fornece também os cristãos desde que eles começaram a procurar mercadoria naqueles territórios.

## A poligamia

E é-lhe permitido ter tantas mulheres quantas desejar, o que também fazem os senhores e os simples súbditos que dispõem de meios para as sustentar. Assim, este rei possui trinta ou mais, mas umas gozam de maior consideração que outras, consoante a nobreza da sua raça e o poder dos senhores seus pais.

É assim que ele age em relação às suas esposas: há aldeias onde possui dez ou doze, e outras tantas noutros lugares, estando cada uma delas alojada numa casa à parte e separada das outras, com um certo número de aias que recebem ordens para as servir, e uma certa quantidade de escravos para cultivar as terras e domínios que lhes são dados por este senhor, a fim de que possam, com o usufruto dessas propriedades, viver duma forma adequada à sua condição. Possuem, além disso, uma certa quantidade de gado, tal como vacas e cabras, para seu uso pessoal, que é tratado pelos escravos e assim semeiam, colhem e vivem. E quando o rei pretende deslocar-se a qualquer das suas aldeias não necessita de nenhum vivandeiro, pois não transporta consigo alimentos nem qualquer outra coisa, pois as mulheres que permanecem nos lugares para onde se dirige tratam dele e de toda a sua comitiva. Assim, cada uma delas, todas as manhãs, quando nasce o Sol, prepara três ou quatro iguarias, umas de carne e outras de peixe, juntamente com pratos de carne mouriscos, ao gosto deles, que enviam pelos seus escravos ao rei; desta maneira, em menos duma hora, este recebe quarenta ou cinquenta refeições. E quando o senhor tem vontade de comer, encontra as carnes já preparadas, sem precisar de se preocupar com isso; serve-se do que acha a seu gosto e deixa o resto para a comitiva. Dessa forma, o rei anda dum lado para o outro, dormindo aqui e ali, ora com uma ora com outra das suas mulheres, de tal forma que elas concebem grande número de filhos. Efectivamente, logo que sabe que uma delas se encontra grávida, nunca mais lhe toca nem a procura, costume que é igualmente seguido por todos os nobres do país [6].

### A religião dos negros: Islão no Senegal...

A fé muçulmana é observada por estes primeiros negros tão rigidamente como pelos mouros brancos. Os senhores conhecem o pensamento dos muçulmanos porque junto deles existem árabes (que encontrámos a vaguear por essas regiões) que lhes dão os preceitos e lhes ensinam que ficaria mal a um nobre poderoso não possuir o conhecimento das leis e ordens do Senhor e levar uma vida semelhante ao reles povo que ignora todas as regras; mas fazem-no com mais frieza desde que travaram conhecimento e adquiriram familiaridade com os cristãos [7].

### ...Animismo na Gâmbia

Pelo que vimos e também pelo que nos contaram quando lá estivemos, esses povos são idólatras de várias maneiras, pois acreditam nos feitiços e encantamentos e em várias obras diabólicas que imitam e põem em acção. Mas todos reconhecem um deus. Essa gente pratica em diversos lugares sem nunca ficar em casa, porque os pagãos não sabem fazer nada [8].

### A guerra

Muitas vezes, esses senhores dos Negros lutam uns com os outros e, mais frequentemente ainda, atacam os seus vizinhos; mas combatem

---

[6] A. Cadamosto, 1457, *Relation de voyages à la Côte Occidentale d'Afrique*, pp. 68-73 (extractos).

[7] *Ibid.*, p. 79.

[8] *Ibid.*, p. 164-165.

a pé, pois há poucos cavalos que não poderiam sobreviver por causa do calor excessivo.

Usam, como armas ofensivas, azagaias, semelhantes a um dardo leve, que têm uma ponta de ferro rodeada de pequenos arpões ou ganchos colocados muito perto uns dos outros e de uma forma subtil, de diversas maneiras, para que, ao retirá-la por onde entrou, a carne fique toda rasgada, o que torna essa arma muito perigosa. Usam, além disso, duas espadas mouriscas, com a forma de uma cimitarra turca, feita simplesmente de ferro, sem aço à mistura. Efectivamente, eles só têm o ferro que lhes é trazido do reino dos negros que fica situado do outro lado; as suas armas são de ferro, mas eles não sabem escolhê-lo nem distingui-lo nas minas. Mas não possuem aço, e, se este existe juntamente com o ferro, não têm maneira de extraí-lo.

### Os costumes

Estes povos andam quase sempre sem qualquer espécie de roupa a cobri-los, excepto uma pele de cabra cortada em forma de calções que usam para esconder as partes secretas. Mas os senhores e as autoridades usam camisas de algodão; este país produz grande quantidade dessa matéria, que as mulheres fiam e com a qual fabricam tiras com a largura de um palmo, medida que não conseguem exceder porque não sabem fabricar os pentes para tecer. Assim, precisam de juntar quatro ou cinco dessas tiras para fazer uma peça mais larga. As camisas deles chegam até meio das coxas e as mangas, muito largas, não ultrapassam metade do braço.

Costumam usar, além disso, calças desse mesmo tecido que vão desde a cintura até à canela; como são cosidas ao atravessado, formam muitas pregas por causa da sua simples largura e altura, de forma que parece que trazem um saco à frente e outro atrás, que cai como se fosse uma cauda, o que é a coisa mais incómoda e ridícula do mundo.

As mulheres, tanto as casadas como as outras, andam nuas da cintura para cima, e da cintura para baixo cobrem-se com um pano feito dessas tiras de algodão, enrolado à volta do corpo, que lhes chega até meio da perna; e andam todos descalços, sem nada na cabeça, excepto os cabelos que penteiam em tranças, engenhosamente dispostas e atadas de diversas maneiras...

A comida, nessas paragens, é muito salgada, sem qualquer semelhança com a de gente civilizada; e, quando os vemos manejar instrumentos a que não estão acostumados, achamo-los muito simples de espírito e pouco ardilosos; mas nem por isso se mostram pouco hábeis, depois de os ensinarmos.

Esta gente é muito faladora e tem sempre uma resposta na ponta da língua; de resto, é terrivelmente mentirosa e embusteira, mas caridosa em extremo, pois não deixam nenhum estranho ir-se embora sem lhe dar de comer e de beber, ou então albergam-no por uma noite sem nada lhe pedir em troca.

## A agricultura

Neste reino de Senegal nem em nenhuma outra terra para além dele cresce trigo, centeio, cevada, aveia ou vinha, pois o país é quente em extremo; além disso, durante nove meses do ano, desde Outubro a fins de Junho, não cai uma gota de chuva, o que impede a terra de produzir trigo, facto que as populações constataram ao semear aquele que compraram aos outros cristãos. Na falta disso, possuem toda a espécie de milho, grosso e miúdo, favas e outros legumes, dos maiores e mais belos do mundo. A fava naquelas paragens é grande, com várias cores como se fosse pintada, o que a torna muito agradável à vista. Há as de um vermelho vivo e outras brancas e muito bonitas.

Para trabalhar no campo, fazem filas de quatro ou cinco e atiram a terra para a frente ao cavar, ao contrário da nossa gente que puxa a terra para si; e só metem quatro dedos na terra, que é rica e gordurosa e faz germinar e produzir tudo o que se semeia.

Bebem água, leite ou vinho de palma, um licor destilado de uma árvore semelhante à que produz tâmaras, mas que não é a mesma; existem grandes quantidades dessa árvore donde se tira o referido licor (a que os negros chamam *mignol*). Abrem no pé da árvore quatro ou cinco buracos, por onde sai uma água acinzentada parecida com o soro, e colocam por baixo deles garrafas para onde o líquido escorre em pequena quantidade, isto é, o suficiente para encher quatro garrafas por dia; é muito saboroso e embebeda, tal como o vinho, se não for misturado com água. Logo a seguir à colheita é tão suave como o melhor vinho do mundo, mas perde essa característica de dia para dia, tornando-se cada vez mais forte, de tal forma que é melhor bebê-lo no terceiro ou quarto dia do que no primeiro. Bebi esse licor muitas vezes enquanto permaneci na região, e parecia-me mais saboroso e requintado que os nossos. Não é tão abundante que se possa beber em quantidade; há que usar de moderação, principalmente as pessoas importantes; mas as árvores são comuns pois eles desconhecem as vedações que utilizamos nos nossos jardins e nas vinhas.

Além disso, existe uma espécie de óleo, com que eles temperam a comida: no entanto, não consegui apurar donde ele é extraído, embora saiba que possui três particularidades: cheira a violetas, tem um sabor semelhante ao das nossas azeitonas e uma cor parecida com a do açafrão, quando é puro e sem defeito.

## Um mercado local

Fui a um mercado e feira perto do sítio onde me encontrava instalado, que se realizava num campo às segundas e sextas-feiras, dias em que o visitei por duas ou três vezes. Reuniam-se ali homens e mulheres que vinham de cinco ou seis milhas em redor. Aqueles que moravam mais longe iam a outros.

Dirigi-me lá para tentar encontrar ouro, mas achei-o muito mal fornecido de tudo. Podemos avaliar a grande pobreza que reina entre aquele povo pelas coisas que há para vender e que são as seguintes: algodão (mas em pequena quantidade), fios e tecidos de algodão, legumes, óleos, milho, conchas de madeira, esteiras e todos os objectos de que aquela gente se serve habitualmente; as mulheres fazem negócio tal como os homens, que vendem também armas e pequenas porções de ouro, trocando o que levam por outras coisas e não por dinheiro, cujo uso desconhecem, tal como o de qualquer espécie de moeda: mas trocam uma coisa por outra, ou duas por uma, ou três por duas.

## O acolhimento dispensado aos Portugueses

Os negros, tanto homens como mulheres, acorriam todos para me ver, como se se tratasse de uma grande maravilha, pois parecia-lhes muito extraordinário estarem perante um cristão, de que nunca tinham ouvido falar. Não se espantavam menos com a brancura da minha pele e das minhas roupas, que lhes causaram uma grande admiração, pois eu ia vestido à espanhola. Alguns mexiam-me nas mãos e friccionavam--me os braços com saliva, para ver se a minha brancura provinha de qualquer pintura ou se a carne era mesmo assim. Quando verificavam isso, ficavam muito espantados.

Há várias coisas que despertam a admiração dos homens, entre elas a velocidade dos tiros de besta e, mais ainda, o terrível som da artilharia, o que constatei quando vários negros foram ao nosso navio e eu mandei disparar uma vez, o que lhes provocou um terror maravilhado: ficaram ainda mais espantados quando lhes disse que o canhão podia derrubar e matar mais de cem homens. Não conseguiam convencer-se que não se tratava de algo diabólico. O som da gaita de foles que um dos marinheiros tocou a meu pedido também lhes causou uma admiração profunda e eles pensaram, por certo, que era qualquer animal vivo que produzia aquela diversidade de sons.

Também os maravilhavam os nossos barcos e todos os seus elementos, tais como os mastros, as velas, as vergas e o cordame; e pensavam que os olhos que existem na proa do navio eram olhos naturais, que serviam para o barco se orientar no mar, que nós éramos magos e quase comparáveis a diabos, uma vez que eles só com grande dificuldade se moviam de um lado para o outro, ao passo que nós tínhamos a coragem de nos expormos ao perigo das ondas impetuosas do mar, que, segundo ouviam dizer, eram algo de grande e maravilhoso.

Ora, o que estava na origem dessa opinião tão obstinada era o facto deles não terem qualquer conhecimento da arte de navegar, do mapa ou da calamita ([9]). Também os espantou muito ver arder uma vela, pois naquelas paragens a única luz que existe é a da fogueira, o que os fez considerar a vela a coisa mais linda que já haviam conhecido. E, no entanto, naquele país o mel é muito abundante, e juntamente com ele aparece a cera, mas eles chupam-no e deitam fora esta. Assim, comprei um favo de mel a um deles e mostrei-lhes a maneira como se separa a cera do mel; depois mandei fazer velas na presença deles e acendi-as, o que lhes causou grande admiração e os levou a dizer que o saber assentava em nós, os cristãos ([10]).

## Na Gâmbia: o início da troca

Quando navegávamos rio acima, víamos as pirogas que nos seguiam de longe e através de sinais mostrámos aos que as conduziam alguns tecidos de seda negra e outros objectos, garantindo-lhes que se podiam aproximar com segurança e que lhes daríamos aquilo que tínhamos, pois éramos gente tratável e humana. Isso deu-lhes coragem e a pouco e pouco foram-se chegando ao pé de nós, abandonando a atitude de desconfiança inicial. De tal maneira que, no fim, um deles (que compreendia o meu intérprete) entrou na caravela e ficou muito admirado com o nosso modo de navegar e com os homens brancos.

---

([9]) Nome antigo da pedra-íman e, por consequência, da bússola.

([10]) A. Cadamosto, 1457, *Relation...*, pp. 80-85, 102-121 e 167-168 (extractos).

Recebemos o negro muito amavelmente e com grande carinho, perguntando-lhe várias coisas de somenos importância e, a pouco e pouco, conseguimos insinuar-nos no seu estômago e sondar-lhe a cabeça de tal maneira que ele nos garantiu que aquele país era a Gâmbia e o seu senhor Forosangole, vassalo do imperador de Melli [Mali], o rei mais importante dos negros; mas que, não obstante, havia outros senhores com menos autoridade e poder que habitavam junto do rio, tanto numa margem como noutra. E se o desejássemos, apresentar-nos-ia a um deles chamado Battimansa, com quem procuraria fazer-nos entabular laços amistosos, pois parecia-lhe que éramos gente de bem e com intenções louváveis. Aceitámos esta amável oferta e levámo-lo connosco rio acima até chegarmos à residência de Battimansa, situada a mais de sessenta milhas da foz.

Concordámos todos que seria melhor mandar à frente um dos nossos intérpretes acompanhar esse negro junto do senhor Battimansa, o que fizemos, enviando-lhe de presente um vestido bordado a seda à moda mourisca a que damos o nome de camisa, que era muito belo e feito no país dos mouros; encarregámos o nosso homem de lhe dizer que vínhamos por vontade de nosso senhor o rei de Portugal, mui cristão, para tratar com ele em boa paz e amizade, e de perguntar se ele desejava mercadorias deste país, que passariam a ser-lhe enviadas todos os anos. Battimansa mandou imediatamente alguns negros, que não só travaram amizade connosco como receberam ainda várias coisas em troca de alguns escravos negros e de uma certa porção de ouro, muito escassa em relação ao que esperávamos encontrar, pois os rumores excediam a verdade, embora aquilo que nos mandaram fosse, aos olhos deles, de um valor considerável, pois eram muito pobres.

Permanecemos ali onze dias, durante os quais vários negros que moravam numa e noutra margem desse rio se deslocaram às nossas caravelas, uns para ver as coisas que constituíam novidade para eles, outros para vender anéis de ouro e outros pequenos objectos que costumam usar tais como camisas, fios e panos de algodão, tecidos de fantasia, uns brancos, outros sarapintados de verde, branco e azul e outros ainda de vermelho, branco e azul, de grande beleza. Trocavam-nos por objectos de pouco valor.

Também nos traziam almíscar e as peles de gato donde ele é extraído, trocando uma onça de almíscar por qualquer outra coisa; outros presenteavam-nos com frutos de várias espécies, entre os quais tâmaras selvagens que não eram muito saborosas.

Habitualmente, não se afastam da região porque são capturados e vendidos como escravos, sempre que eles se descuidam. Finalmente, decorridos esses onze dias, deliberámos regressar à foz do rio, tanto mais que alguns dos nossos haviam sido atingidos por uma febre elevada, teimosa e contínua, o que nos fez antecipar a partida ([11]).

## A Costa da Mina

> *Os Portugueses avançaram lentamente: só em 1460 atingi-ram a elevação da «Serra Leoa», ou seja a costa da Serra Leoa. Dez anos mais tarde, exploravam as desembocaduras do Níger. Nessa altura, o avanço deles foi acelerado pelo extraordinário monopólio concedido em 1469 a Fernão Gomes, rico burguês de Lisboa, monopólio esse cujas cláusulas revelavam o peso das ambições comerciais da expansão portuguesa:*

Como El-Rei arrendou o resgate de Guiné a Fernão Gomes por tempo de cinco anos, com obrigação que neste tempo havia de descobrir quinhentas léguas de costa.

Neste tempo o negócio de Guiné andava já mui corrente entre os nossos e os moradores daquelas partes *[isto é, da costa ocidental da África, ao sul de Arguim]* e uns com os outros se comunicavam em as cousas do comércio com paz e amor, sem aquelas entradas e saltos de roubos de guerra que no princípio houve. O que não pode ser doutra maneira, principalmente acêrca de gente tam agreste e bárbara, assi em lei e costumes, como no uso das cousas desta nossa Europa.

E andando assi estas cousas, tam correntes e ordinárias em as partes de costa já descoberta, como el-Rei pelos negócios do reino andava ocupado, e não havia por seu serviço per si mandar grangear esta propriedade do comércio, nem menos deixá-lo correr no modo que andava acêrca do que as partes pagavam, por lhe ser cometido em Novembro do ano de mil quatrocentos e sessenta e nove, o arrendou por tempo de cinco anos a Fernão Gomes, um cidadão honrado de Lisboa, por duzentos mil réis cada ano, com condição, que, em cada um dêstes cinco anos, fôsse obrigado descobrir pela costa em diante cem léguas, de maneira que no cabo do seu arrendamento, desse quinhentas léguas descobertas.

O qual descobrimento havia de começar na serra Lioa, onde acabaram Pero de Sintra e Soeiro da Costa, que foram ante dêste arrendamento os derradeiros descobridores.

E entre outras condições que se continham neste contrato, era que todo o marfim havia de ser del-Rei, a preço de mil e quinhentos reais

---

([11]) A. Cadamosto, 1457, *Relation...*, pp. 156-162 (extractos).

por quintal, e el-Rei o dava a outro maior preço a um Martim Anes Boviage, por lhe ser obrigado per outro contrato feito ante dêste, a todo o marfim que se resgatasse em Guiné. E por cousa mui estimada naquele tempo, tinha Fernão Gomes licença pera poder resgatar em cada um dos ditos cinco anos, um gato de algália.

O qual contrato foi feito no ano de quatrocentos e sessenta e nove, com limitação que não resgatasse em a terra firme defronte das ilhas do Cabo Verde por ficar pera os moradores delas, por serem do Infante Dom Fernando. Nem menos lhe foi concedido o resgate do castelo de Arguim por el-Rei o ter dado ao Príncipe Dom João, seu filho, em parte do assentamento que dêle tinha. Pero depois houve o mesmo Fernão Gomes do Príncipe êste resgate de Arguim por certos anos, por preço de cem mil reais em cada um dêles. E foi Fernão Gomes tão diligente e ditoso em êste descobrimento e resgate dêle, que logo no Janeiro de quatrocentos setenta e um, descobriu o resgate do ouro onde ora chamamos a *Mina*, per João de Santarém e Pero Escovar, ambos cavaleiros da casa del-Rei.

O primeiro resgate do ouro que se fêz nesta terra, foi em ũa aldea chamada Sãmá, que naquele tempo seria de quinhentos vezinhos, e depois se fêz mais abaixo contra onde ora está a fortaleza que el-Rei Dom João mandou fazer (como veremos em seu lugar), o qual lugar se chamava pelos nossos *Aldea das Duas Partes*. E não sòmente descobriu Fernão Gomes êste resgate de ouro, mas chegaram os seus descobridores pela obrigação do seu contrato té o Cabo de Santa Caterina, que é além do Cabo de Lopo Gonçalves trinta e sete léguas, e em dous graus e meio de altura da parte do Sul.

No qual tempo ganhou Fernão Gomes mui grossa fazenda com que depois serviu el-Rei. E no ano de quatrocentos setenta e quatro, que foi o derradeiro de seu arrendamento, lhe deu nobreza de novas armas, um escudo timbrado com o campo de prata e três cabeças de negros, cada um com três arriéis de ouro nas orelhas e narizes, e um colar de ouro ao colo, e por apelido *da Mina*, em memória do descobrimento dela, e disso lhe passou carta a vinte nove de Agosto do dito ano. Depois, passados quatro anos, o fêz do seu conselho, porque já neste tempo era o comércio de Guiné e resgate da Mina de tanto proveito, e ajudava tanto em substância ao estado do reino, pela boa indústria de Fernão Gomes, que assi por êste serviço como por outros particulares de sua pessoa, merecia tôda a honra e mercê que lhe fôsse feita ([12]).

---

([12]) J. de Barros, *Asia*, 1.ª década, Agência Geral das Colónias, Editorial Ática, Lisboa, 1945, t. I, liv. 2º, cap. 2.

*As actividades dos mercadores portugueses em breve se foram diferenciando ao longo dessa costa imensa; cada sector foi designado pelo nome do comércio mais rendível ali existente:*

*– Desde a Serra Leoa ao cabo das Três Pontas (a leste de Abidjan), a Costa da Malagueta produzia a pimenta do mesmo nome, chamada «grão do paraíso», especiaria muito apreciada que fez uma violenta concorrência à pimenta da Ásia; por vezes distinguia-se, a oeste do cabo das Palmeiras (na actual fronteira da Libéria com o Gana), a Costa dos Grãos, e a leste a Costa dos Dentes, produtora de marfim.*

*– Para lá de Axim, a Costa do Ouro ou Costa da Mina merecia bem o nome por que era conhecida.*

*– Finalmente, a Costa dos Escravos estendia-se até Angola, descoberta em 1482.*

*O esforço dos Portugueses incidiu em primeiro lugar no ouro: fundaram, em 1486, o célebre forte de S. Jorge da Mina (Elmina, no Gana), cuja cidadela serviu de escoadouro e de protecção ao comércio costeiro:*

Como El-Rei Dom João, sucedendo no reino por falecimento del--Rei Dom Afonso, seu pai, mandou logo ũa grande armada às partes de Guiné, a fazer o castelo que agora chamamos de São Jorge da Mina, da qual armada foi Capitão-mór Diogo de Azambuja; e como se viu com Caramansa, senhor daquele lugar.

El-Rei Dom João, com fundamentos de cristianíssimo príncipe e barão de grande prudência, ordenou de mandar fazer ũa fortaleza como primeira pedra da Igreja oriental, que êle em louvor e glória de Deus desejava edificar, per meio desta posse real que tomava de todo o descoberto e por descobrir, segundo tinha per doações dos Sumos Pontífices.

E sabendo que na terra onde acudia o resgate do ouro folgavam os negros com panos de sêda, de lã, linho e outras cousas do serviço e polícia de casa e que em seu trato tinham mais claro intendimento que os outros daquela costa, e que no modo de seu negociar e comunicar com os nossos davam de si sinais pera fàcilmente receberem o bautismo, ordenou que esta fortaleza se fizesse em aquela parte onde os nossos ordinàriamente faziam o resgate do ouro.

Porque com esta isca de bens temporais que sempre ali haviam de achar, recebessem os da Fé, mediante a doutrina dos nossos, o qual efeito era o seu principal intento.

E dado que pera esta obra da fortaleza houvesse em seu conselho contrairas opiniões, representando a distância do caminho, e os ares da terra serem pestíferos à saúde dos homens que lá estivessem, e assi os mantimentos da terra e o trabalho de navegar, houve el-Rei por maior bem ūa só alma, que por causa da fortaleza podia vir à Fé per bautismo, que tôdolos outros inconvenientes, dizendo que Deus proveria nêles, pois aquela obra se fazia em seu louvor, e afim pera que seus vassalos pudessem fazer algum proveito, e também o património dêste reino fôsse acrescentado.

Assentando que se fizesse esta fortaleza, mandou aperceber ūa armada de dez caravelas e duas urcas, em que fôsse pedra lavrada, telha, madeira e assi tôdalas outras munições e mantimentos para seiscentos homens de que os cento eram oficiais pera esta obra e os quinhentos de peleja. Dos quais navios era Capitão-mor Diogo de Azambuja, pessoa mui experimentada nas cousas da guerra; e deu-lhes Deus tam boa viagem, pôsto que teve algum trabalho com ūa urca que fazia muita água, que a dezanove de Janeiro daquele ano seguinte, chegou ao lugar onde se havia de fazer o castelo, que naquele tempo se chamava Aldea das Duas Partes. Caramansa, senhor daquela aldea, como também era homem que queria mostrar seu estado, veo com muita gente posta em ordenança de guerra, com grande matinada de atabaques, bozinas, chocalhos e outras cousas que mais estrugiam que deleitavam os ouvidos. Os trajos de suas pessoas eram os naturais de sua própria carne, untados e mui luzidos, que davam mais pretidão aos coiros, cousa que êles costumavam por louçainha. Somente as partes vergonhosas eram cobertas, dêles com peles de bugios, outros com panos de palma, e os mais principais com alguns pintados que per resgate houveram dos nossos navios que ali iam resgatar ouro. Porém gèralmente em seu modo todos vinham armados, uns com azagaias e escudos, outros com arcos e coldres de frechas, e muitos, em lugar de arma da cabeça, ūa pele de bugio, o casco da qual todo era encravado de dentes de alimárias, todos tam disformes com suas invenções por mostrar ferocidade de homens de guerra, que mais moviam a riso que a temor. Os que entre eles eram estimados por nobres, como insígnias de sua nobreza, traziam dois pages trás si: um lhe trazia um assento redondo de pau pera se assentar a tomar repouso onde quisesse, e outro o escudo da peleja; e estes nobres pela cabeça e barba traziam alguns arriéis e jóias de ouro.

O seu Rei, Caramansa, em meio de todos, vinha coberto, pernas e braços, de braceletes e argolas de ouro, e ao pescoço um colar, do qual dependiam ūas campainhas miúdas, e pela barba retorcidas ūas vergas de ouro, que assi lhe chumbavam os cabelos dela, que de retorcidos os faziam corredios. A continência de sua pessoa, era vir com uns passos mui vagarosos, pé ante pé, sem mover o rosto a parte algũa.

Acabadas estas cerimónias de cortesia, Diogo de Azambuja começou per meio de ũa língua a lhe propoer a causa de sua ida: a qual era ter el-Rei, seu senhor, sabido a vontade e desejo dêle, Caramansa, acerca das cousas de seu scrviço, e quanto trabalhava de o mostrar no bom e breve aviamento que dava aos seus navios que àquele pôrto chegavam; e que por estas cousas procederem de amor, el-Rei lhas queria pagar com amor que tinha mais vantaje que o seu, que era amor da salvação de sua alma, cousa mais preciosa que os homens tinham, por ela ser a que lhe dava vida, intendimento pera conhecer e entender tôdalas cousas, e per a qual o homem era diferente dos brutos. E aquêle que a quisesse conhecer, era necessário ter primeiro conhecimento do Senhor que a fizera, o qual era Deus. E se ele, Caramansa, aceitasse esse bautismo e o recebesse, êle, Diogo de Azambuja, em nome del-Rei seu Senhor, lhe prometia dali em diante de o haver por amigo e irmão nesta Fé de Cristo, Deus e senhor nosso, que lhe êle amoestava.

E porque ao presente êle vinha bem provido de mercadorias e cousas mui ricas que ainda ali não foram vistas, pera guarda das quais lhe era necessário fazer ũa casa forte em que estivessem recolhidas, e assi alguns aposentos onde se pudesse agasalhar aquela gente honrada que com êle vinha, lhe pedia que houvesse por bem que êle fizesse êste recolhimento.

O qual êle esperava em Deus que seria penhor pera el-Rei ordinàriamente mandar fazer ali resgate, com que êle, Caramansa, seria poderoso em terras e senhor dos comarcãos, sem alguém o poder anojar, porque a mesma casa e o poder del-Rei, que nela estaria, o defenderiam. E dado que Baio, Rei de Sama, e outros príncipes seus vezinhos, houvessem por grande honra ser esta fortaleza feita em suas terras, e ainda por isso faziam um grande serviço a el-Rei, êle houve por bem ser esta obra feita ante em sua terra, que pêlo amor e amizade que êle, Caramansa, tratava as cousas de seu serviço...

...Ao seguinte dia, começando os pedreiros quebrar uns penedos que estavam sôbre o mar, junto onde tinham elegido os alicerces da fortaleza, não podendo os negros sofrer tamanha injúria como se fazia àquela santidade, que êles adoravam por Deus, acendidos em fúria que lhe o Demónio atiçava para todos ali perecerem antes do bautismo que depois alguns deles receberam, tomaram suas armas e, com aquêle primeiro ímpeto, deram rijo em os oficiais que andavam nesta obra.

Diogo de Azambuja, como a êste tempo estava com os capitães fazendo tirar as munições dos navios, tanto que viu correr a gente contra a praia, acudiu rijo. E, porque soube da língua dos negros que a causa principal do alvorôço dêles fôra por ainda não terem recebido o presente que esperavam, e que maior mágoa tinham por a tardança que por a injúria dos seus deuses, entreteve a gente o melhor que pôde, de maneira que não houvesse sangue, e mandou a grã pressa ao feitor que trouxesse dobrados lambéis, manilhas, bacias e outras cousas que tinha mandado que levasse a el-Rei e a seus cavaleiros, por assi estar em costume. E ainda por mais comprazer aos negros, públicamente entre êles bradou com êle. Com o qual presente, depois que o receberam, assi ficaram contentes e brandos da fúria, que entregaram os filhos, quanto mais os penedos; tanto poder tem o dar que, como dizem, quebrantou Diogo de Azambuja as pedras que eram os corações daqueles negros em sua indignação, e mais quebrou os penedos que êles defendiam. Porém, enquanto a obra durou, sempre se teve grande vigia e tento nêles, não se lhe antolhasse outra vaidade algũa.

Em fazer a qual obra se deu tal despacho, que em vinte dias puseram a cerca do castelo em boa altura, e a tôrre da menagem em o primeiro sobrado. E por a singular devação que el-Rei tinha neste santo, foi chamada esta fortaleza *São Jorge*, a qual depois, em o ano de quatrocentos oitenta e seis, a quinze de Março, em Santarém, el-Rei a fêz cidade, dando-lhe per sua carta patente tôdalas liberdades, privilégios e preminências de cidade.

Pôsto que por parte dos nossos, enquanto durou esta obra, se trabalhava não haver com os negros rompimento, fizeram êles tantos furtos e maldades, que conveo a Diogo de Azambuja queimar-lhe a aldea, com que, entre êste castigo e benefícios que mais parte tinham nêles, ficaram em segura paz. Acabada a obra e a terra corrente em resgate, expediu Diogo de Azambuja os navios e a gente sôbressalente, que se veo pera o reino com boa cópia de ouro que resgataram, e êle ficou com sessenta homens ordenados à fortaleza ([13]).

*O castelo de S. Jorge em breve se tornou o centro do comércio do ouro que vinha do Sudão, transportado em caravanas:*

E temos sabido que em toda a Etiópia de Guiné, depois de ser dada criação ao mundo, este foi o primeiro edefício que se naquela região fez; na qual casa Nosso Senhor acrescentou tão grandemente o comércio, que

---

([13]) J. de Barros, *Asia*, Livro 3.º, cap. 1 e 2.

em cada um ano se tira dali, por resgate que vem pera estes reinos de Portugal, cento e setenta mil dobras de bom ouro fino; e muito mais em alguns anos se resgata e compra aos Negros que de longas terras este ouro ali trazem, os quais são mercadores de diversas nações; e eles levam desta casa muitas mercadorias assi como lambens *[tecidos de riscas vermelhas, verdes, azuis e brancas]* que é a principal delas, e pano vermelho e azul, e manilhas de latão, e lenços e corais, e ũas conchas vermelhas que antre eles são muito estimadas, assim como nós cá estimamos pedras preciosas; isso mesmo vale aqui muito o vinho branco e ũas contas azuis, a que eles chamam «Coris» (*), e outras muitas cousas de desvairados modos. Esta gente até 'gora foram gentios e já alguns deles são feitos cristãos; isto digo pelos moradores da terra do mesmo lugar onde está o castelo, porque os mercadores são de longe e não têm tanta conversação como nós outros como estes que são vizinhos, e por isso vivem no engano e idolatria que sempre teveram.

Neste trato que aqui é dito se ganha cinco por um e mais. Mas esta terra é muito doentia de febres e razoadamente morrem aqui os homens brancos.

Em cada um ano arma el-Rei nosso senhor, por ordenança, doze navios pequenos que vão carregados de mercadorias, os quais a este Reino trazem o ouro que o feitor *[agente comercial]* de Sua Alteza lá resgata; e isto além de três e quatro naus, que também lá manda, carregadas de mantimentos, vinhos e mercadorias que lá são necessárias.

Os mercadores de que atrás falámos não trazem asnos nem outras bestas pera levarem as mercadorias, que compram em maior preço a terça parte, e mais, do que valem nestes Reinos. E estes escravos são comprados pela nossa gente que o Sereníssimo Rei em seus navios manda duzentas léguas além deste castelo, em uns rios onde está na muito grande cidade a que chamam Beni, e dali os trazem ([14]).

> *Acerca da origem do ouro que afluía ao castelo de S. Jorge, sabia-se tanto como antes; a troca muda continuava a ser a regra seguida pelos negros que produziam ouro e pelas tribos interme-diárias. Apenas há a assinalar uma diferença, sinal da modificação das correntes comerciais: às trocas orientadas para norte – ouro por sal – sucedera-se um comércio dirigido para sul – ouro por escra-vos –; Duarte Pacheco Pereira descreve-o da seguinte maneira:*

---

(*) Não se trata de pérolas, mas de conchas a que se dava o nome de «cauris» e de que falaremos adiante.

([14]) Duarte Pacheco Pereira, 1508, *Esmeraldo de Situ Orbis*, Academia Portu-guesa da História, Lisboa, 1955, Livro II, cap. V.

Duzentas léguas para além do Reino de *Mandinga* encontra-se uma terra onde há muito ouro; chama-se *Toom* e os habitantes desta província têm cabeça e presas de cão e cauda de cão; são negros e pouco faladores, pois recusam-se a ver outros homens; os habitantes de certos lugares, *Beetun, Habanbarranaa* e *Bahaa*, vão a esse país de *Toom* comprar ouro em troca das mercadorias e dos escravos que eles trazem: o comércio faz--se da seguinte maneira: cada um dos que quer vender um escravo ou qualquer outra cousa vai a um sítio combinado, amarra o dito escravo a uma árvore e cava um buraco na terra da profundidade que lhe parece conveniente; feito isto, afasta-se para longe e o Cabeça de Cão aproxima--se: se está contente, enche o buraco de ouro; caso contrário, tapa-o com terra e faz outro mais pequeno e afasta-se de novo; depois disto, o dono do escravo volta e vê o buraco que o Cabeça de Cão fez; se está satisfeito, retira-se segunda vez e o Cabeça de Cão volta e enche o buraco de oiro; é assim que se faz o comércio, tanto de escravos como doutras merca-dorias. E os mercadores mandingas vão às feiras de Beetun e de Banbarranaa e de Bahaa comprar ouro a essas populações monstruosas.

## O Benim

*Os primeiros portugueses praticamente não se aventuravam para o interior. No entanto, abriram uma excepção para a cidade de Beny, ou Benim (na actual Nigéria), um dos grandes centros da civilização das cidades ioruba, que teve o seu apogeu no século XIV e existia ainda – mas já esgotada pelo tráfico negreiro – no século XVIII.*

*Benim estava estreitamente ligado a Ifé, um centro da arte africana da Idade Média, cujas estátuas de pedra, cerâmicas e, sobretudo, as cabeças de latão descobertas em pesquisas recentes (1910) são a prova duma cultura acabada; os Portugueses não conheceram Ifé; apenas sabiam que, algures no interior, ficava situada a metrópole espiritual do país; e de facto, o Oni de Ifé tinha uma palavra a dizer na nomeação do soberano de Benim:*

Huguató *[Gwato]*, que será lugar de dous mil vizinhos, é o porto da grande cidade do Beni que está no sertão nove léguas de bom caminho. E até Huguató podem ir navios pequenos de grandura de cinquenta tonéis. E esta cidade terá ũa légua de comprido de porta a porta, e não tem muro; sòmente é cercada de ũa grande cava muito larga e funda, a qual abasta pera sua defensão; e eu fui nela quatro vezes. E tem as casas de taipas cobertas de palma.

O reino do Beni será de oitenta léguas de comprido e quarenta de largo. E o mais do tempo faz guerra aos vizinhos, onde toma muitos cativos que nós compramos a doze e quinze manilhas de latão ou de cobre, que eles mais estimam; e dali são trazidos à fortaleza de S. Jorge da Mina, onde se vendem por ouro.

Muitas abusões há no modo de viver desta gente, e feitiços e idolatrias. Ao levante deste reino do Beni, cem léguas de caminho no sertão, é sabida ũa terra que, em nossos dias, tem um rei que se chama Licosaguou e dizem que é senhor de muita gente e grande poder; e, logo junto com este, está outro grande senhor que há nome Hògané [Ogane: o Oni d'Ifé], e este é antre os Negros assi como o Papa antre nós ([15]).

*A extensão, a arquitectura, as muralhas e os palácios da cidade de Benim provocaram a admiração dos primeiros visitantes:*

Chamam à cidade *Grande Benim* porque, efectivamente, não há nenhuma tão grande naquelas paragens. Tem a rodeá-la dum lado uma muralha de dez pés de altura, feita duma paliçada dupla de árvores, com faxinas ao meio, entrelaçadas em forma de cruz e guarnecidas de barro. Do outro lado, um pântano rodeado de arbustos que se estende duma ponta à outra da muralha constitui uma defesa natural. Há várias portas que têm oito ou nove pés de altura e cinco de largura: são de madeira, formadas duma única peça, e giram numa estaca como as cancelas que existem nos prados.

O palácio do rei é um conjunto de edifícios com vários aposentos para os ministros e belas galerias apoiadas em pilares de madeira assentes num pedestal de cobre, onde as suas vitórias são gravadas. A maior parte destas casas reais é coberta de ramos de palmeira cruzados, dispostos como se fossem tábuas; os cantos são ornamentados com uma pequena torre em pirâmide, na ponta da qual está empoleirado um pássaro de cobre com as asas abertas.

A cidade é formada por trinta ruas muito direitas, com vinte e seis pés de largura, além duma infinidade de pequenas ruas transversais. As casas estão perto umas das outras e alinhadas em boa ordem; possuem tectos, alpendres, balaustradas e recebem a sombra das palmeiras e das bananeiras, porque têm apenas um andar. Apesar disso, no interior das casas dos nobres há grandes corredores e vários quartos cujas paredes e tectos são de barro vermelho.

---

([15]) D. Pacheco Pereira, *Esmeraldo...*, Livro II, cap. 7, pp. 149·150.

...O rei de Benim é um príncipe poderoso que consegue armar num dia 20 000 soldados e reunir em pouco tempo um exército de 80 ou de 100 000 homens; assim, é o terror da vizinhança e desperta o receio das populações e dos seus súbditos que são todos escravos, até os mais importantes. Usam mesmo uma incisão no corpo em sinal de servidão, que o rei lhes manda fazer em crianças, quando o pai ou a mãe vão apresentá-los ([16]).

> *Os conhecimentos acerca das regiões para lá de Benim continuavam a ser muito vagos: apenas se sabia que na Nigéria, ou no actual Camarões, existiam pimenta, marfim e grandes macacos:*

Nestas terras há pimenta negra; e é muito mais forte que a da Índia, e o grão quási todo de ũa grandura, sòmente que a da Índia é enverrugada e esta é lisa na superfície.

Nesta terra há uns homens salvagens que habitam nos montes e arvoredos desta região, aos quais chamam, os Negros do Beni, «òsá», e são muito fortes, e são cobertos de serdas como porcos. Tudo têm de criatura humana, senão que, em lugar de falar, gritam. E eu ouvi já de noite os gritos deles e tenho ũa pele de um destes salvagens.

Nesta terra há muitos elefantes, dos quais os dentes, a que chamamos marfim, muitas vezes compramos; e indo cem léguas per a madre deste rio fermoso acima, é achada ũa terra de Negros a que chamam Opu. E aqui há muita pimenta e marfim e alguns escravos ([17]).

## O Congo

> *O entusiasmo mercantil dos Portugueses nessas terras desconhecidas era acompanhado de um proselitismo religioso não menos ardente; a conversão, em 1491, do Manicongo, rei da margem esquerda do Baixo Congo, cujo território se estendia de norte a sul, desde o Loango e o Cacongo de Cabinda até ao reino de Luanda, ao norte de Angola, não foi dos episódios menos surpreendentes deste périplo africano; Filipo Pigafetta e Duarte Lopes deixaram-nos o seguinte relato desses acontecimentos:*

---

([16]) O. Dapper, 1668, *Description de l'Afrique...*, trad. Amsterdão, 1686, pp. 308-312.

([17]) D. Pacheco Pereira, *Esmeraldo...*, Livro II, cap. 7, p. 150.

El-Rei Dom João o segundo, querendo descobrir as Índias Orientais, mandou diversos navios pela costa de África a reconhecerem esta navegação; os quais, havendo já achado as Ilhas de Cabo Verde e a Ilha de S. Tomé, correndo a costa, viram o Rio Zaire, de que arrazoámos, e tiveram ali boa prática com aquelas gentes e as souberam corteses e amoráveis. Depois, expediu para o mesmo efeito outros navios a buscarem este comércio de Congo; os quais, vendo livre o trato e o proveito e a gente amigável, deixaram lá alguns Portugueses para aprenderem a língua e negociarem com elas, entre os quais ficou também um Padre de Missa; e convivendo os Portugueses com o Senhor de Sonho, que era tio de El-Rei, e muito idoso, que ao tempo demorava no porto de Praça, que é na foz do Zaire, eram eles Portugueses estimados daquele Príncipe e reverenciados quase como Deuses terrenos, vindos do Céu àquelas regiões.

Mas os Portugueses diziam-lhes que eram homens como eles e Cristãos; e vendo-se estarem tão benquistos entre aqueles povos, começaram o Sacerdote e os demais a praticar com o Príncipe sobre a fé Cristã e a mostrarem-lhe os errores da crença pagã; e, pouco a pouco, a ensinar-lhe a nossa religião; de sorte que agradou ao dito Senhor aquilo que os Portugueses diziam, e ficou convertido.

Com esta fiuza e bom espírito, o Príncipe de Sonho foi à Corte dar a conhecer a El-Rei a verdadeira doutrina dos Cristãos Portugueses e exortá-lo a que recebesse a fé Cristã, que era tão clara e salutífera. Por isso El-Rei mandou chamar o Padre à Corte com o fim de tratar pessoalmente e entender aquilo que o Senhor de Sonho lhe contara e, informado que foi, se converteu e disse querer ser Cristão. A esse tempo regressaram a Portugal os barcos que eram vindos de Congo; pelos quais mandava El-Rei de Congo pedir a El-Rei Dom João o segundo, de Portugal, que lhe remetesse todos os aparatos e sacerdotes para se fazer Cristão; e o Padre escreveu largamente acerca deste negócio, conforme à vontade daqueloutro Rei, dando-lhe inteira informação de quanto era passado. Assim, El-Rei enviou-lhe sacerdotes e ornamentos para as Igrejas e além disso cruzes e imagens; e foi-lhe entregue tudo quanto era necessário para uma tal acção.

Chegaram as naus de Portugal com os esperados provimentos, que foi no ano de 1491 da nossa salvação, tomando porto na foz do Rio Zaire; e o Príncipe de Sonho, com demonstração de singular alegria, correu-lhes ao encontro, com todos seus fidalgos e acolheu os Portugueses alegremente e os levou a suas pousadas. No dia seguinte, por conselho do Padre, que lá ficara, levantou aquele Senhor uma Igreja de troncos e rama de árvores que, ele, em pessoa, com seus criados, andou a cortar devotamente na selva; e cobriu-se com eles um sítio como Igreja, no qual se armaram três altares em louvor da santíssima Trindade; onde ele se baptizou e um filho seu, criança; chamando-se ele Manuel, nome do Nosso Salvador, e António se chamou o filho, por ser aquele santo protector da Cidade de Lisboa. Ora, se aqui alguém perguntasse que nomes teriam as gentes daquelas terras, antes que recebessem a fé Cristã, por certo parecerá incrível o responder que homens e mulheres não tinham nomes próprios convenientes a racionais, mas comuns às plantas, às pedras, aos pássaros e às bestas.

E os Senhores se denominavam pelos estados que tinham em governo, como, por exemplo, o dito Senhor, que primeiro se fez Cristão no Congo, se apelidava Manisonho, isto é, Senhor de Sonho, e baptizado se chamou Manuel; mas agora, todos, geralmente, têm o nome dos Cristãos, ensinados a eles pelos Portugueses.

Isto feito, dirigiram-se todos os Portugueses à Corte para baptizarem também El-Rei, que a tal aspirava com desejo ferventíssimo; com os quais o Governador de Sonho mandou que muitos Senhores dos seus fossem com músicas e descantes e admirável júbilo, e deu-lhes criados que carregassem toda sua fardagem, ordenando aos povos que levassem aos caminhos vituallas de toda sorte para aqueloutros; e eram tantas as gentes, que concorriam a vê-los, que parecia quase toda a campina coberta de pessoas que acolhiam com mostras de amor aos Portugueses Cristãos, cantando e tocando trombetas e pandeiros e outros instrumentos daquelas terras. E é cousa admirável de dizer como pelas 150 milhas, que se percorrem do mar à Cidade do Salvador, os caminhos estavam todos limpos e varridos, e abundantemente guarnecidos de mantimentos e de comodidades para os Portugueses.

Distantes três jornadas do lugar de onde partiram, avistaram os cortesãos de El-Rei que lhes saíram ao encontro, lhes apresentaram refrescos e lhes fizeram honras; e de lugar em lugar topavam com outros Senhores que, para o mesmo efeito eram enviados de El-Rei a receber os Cristãos e mensageiros de ledice tão grande. El-Rei aguardava-os à porta de seu paço, num trono de estrado alto, e recebeu-os em público, assim como têm por costume os Reis antigos daquele Reino, quando vêm Embaixadores, ou se pagam os tributos, ou se fazem tais outras cerimónias reais. Primeiramente, o Embaixador expôs a embaixada de El-Rei de Portugal, servindo de intérprete o Padre sobredito, que foi o principal autor da conversão daqueles povos.

Finda a embaixada, El-Rei levantou-se da cadeira em pé, e mostrou, no rosto e nas palavras, sinais claros do grande prazer que sentia com a vinda de Cristãos, tornando a sentar-se; e, em continente, o povo todo junto com alaridos, tangeres, cantigas e manifestas provas de alegria, seguindo as palavras de El-Rei, patentearam sumo contentamento daquela Embaixada: e, por acto de obediência, três vezes se prostraram em terra e alçaram os pés, segundo a usança daqueles reinos, aprovando e louvando a acção do seu Príncipe, e aceitando, cordialmente, o Evangelho que do Senhor Deus lhes vinha, trazido por mão daqueles religiosos.

Viu logo todos os presentes enviados por El-Rei de Portugal: os paramentos dos sacerdotes e os ornamentos do altar, as cruzes e os painéis em que as imagens dos santos estavam pintadas, as bandeiras e o pendão, e o mais, peça por peça, estando com incrível atenção ao declararem-lhe o significado de cada cousa. Depois, retirou-se El-Rei, e alojou o Embaixador em um palácio, feito para ele de propósito; e todos os mais foram apousentados em outras casas de diversos Senhores, com toda abastança e comodidade.

No dia seguinte, mandou El-Rei chamar todos os Portugueses, privadamente: em que se tratou do modo que se havia de ter para baptizar El-Rei e pôr em obra a conversão daqueles povos à fé Cristã; e, feitos vários discursos, ficou assentado que primeiro se edificasse uma Igreja, para que nela, com solenidade maior, se celebrasse o baptismo e as cerimónias; e, entremente, se iria ensinando a El-Rei e aos outros da Corte, instruindo-os na religião Cristã.

El-Rei mandou fazer aviamento de todo o material, com grande brevidade, de madeiras, e de pedras, e de cal, e de tijolos, segundo que lhe fora proposto pelos mestres e pedreiros, que para tal efeito eram idos de Portugal. Mas o demónio, que não cessa nunca de se atravessar nas boas operações e santas, alevantou discórdias frescas e conjuntos e embaraços contra este exalçamento da fé cristã, a qual vinha a destruir a sua potestade naquele Reino e a plantar nele a árvore salutífera da Cruz e o culto do Evangelho, rebelando-se alguns povos dos Anzicos e da Anzicana, que habitam nas duas margens do Rio Zaire, das mencionadas catadupas para cima, contra o lago, pertencentes a El-Rei de Congo.

Ora, este rio grandíssimo, retido por aquelas quedas de água, engrossa-se, e expande o largo e profundo leito, na amplidão do qual demoram muitas ilhas, maiores e menores, algumas das quais sustentam obra de 30 mil almas. Nessas ilhas e nos lugares adjacentes às margens, sublevaram-se os povos e subtraíram-se à obediência de El-Rei, matando aos Governadores enviados ali por ele, a fim que mediante esta rebelião se interrompesse o efeito da Cristandade, que já era começado.

Daqui nasceu o levantamento e a rebelião dos povos acima ditos, e não das gentes que habitam nas ilhas do grão lago [o *Stanley-Pool*];

porque aquele lago dista cerca de 200 milhas dos confins de Congo; nem dele se tinha por aquelas estanças (e pouca ainda ao presente) notícia nem conversação alguma, a não ser de outiva.

Sendo necessário que El-Rei aí fosse, em pessoa, por ser o tumulto grandíssimo, quis-se primeiro baptizar; e assim parou a obra da Igreja de pedra, armando-se à pressa uma de madeira. E nela recebeu água do santo Baptismo, chamando-se ele Dom João e sua mulher Dona Leonor, com os nomes do Rei e da Rainha de Portugal; e aquela Igreja dedicou-a ao Salvador.

Baptizaram-se naquele dia alguns Senhores, a exemplo dos Reis, recebendo primeiro uns rudimentos de doutrina cristã.

Chegaram nessa altura os navios de Portugal, trazendo mestres nas sagradas Escrituras, religiosos irmãos de S. Francisco, de S. Domingos e de Santo Agostinho e padres que, cheios de caridade e fervor, espalharam a fé católica que foi recebida com o mesmo ardor por todo o povo do reino, que venerava os padres a ponto de os adorar de joelhos e de lhes beijarem a mão implorando-lhes a bênção sempre que se cruzavam com eles no caminho. Assim, com o tempo, a fé católica foi-se enraizando no país e lá se manteve até hoje, embora tenha sofrido muito entretanto.

*Embora o rei congolês João I tivesse regressado às práticas pagãs em 1494, foi durante o reinado do seu filho Afonso I que o reino cristão do Congo conheceu o período áureo: o animismo parecia ameaçado a certa altura:*

Pacificado o Reino e assentadas as cousas, o rei mandou convocar os Senhores de todas as províncias no lugar assinado e notificou-lhes, públicamente, que todo homem que tivesse ídolos ou outra alguma cousa contrária à religião Cristã, que a trouxesse e entregasse aos deputados; senão, quantos o não fizessem, seriam queimados fora de perdoança. O que, em continente, se pôs em obra; e é admirável como em menos de um mês, foram trazidos à Corte todos os ídolos e as feitiçarias e as carântulas, que eles adoravam e tinham por Deuses.

E, por certo, se viram inumeráveis cousas tais, porque, como cada um reverenciava aquilo que mais lhe agradava sem regra, nem medida nem razão de espécie alguma, que se achou grandíssima quantidade de Demónios de estranha feição e espantosos. Muitos tinham em devoção Dragões com asas, que cevavam em suas casas privadas, dando-lhes a comer das mais estimadas viandas; outros, serpentes de horrível figura;

alguns adoravam os Cabrões maiores; estes, as Onças e outros animais mais monstruosos; e quanto mais estranhos eram e disformes, mais os honravam; certos tinham por veneráveis as imundas aves e nocturnas, a saber: morcegos, corujas, mochos e semelhantes. Em suma, elegiam por Deuses várias cobras e serpes e bichos e pássaros e ervas e árvores e diferentes carântulas de pau e de pedra, e figuras impressas das coisas sobreditas, assim de pintura, como esculpidas em madeira e em seixo e em outra qualquer matéria. E não sòmente adoravam os animais vivos, mas também as próprias peles cheias de palha.

O acto de adoração se praticava em vários modos, todos endereçados à humildade, como seria: ajoelharem-se, deitarem-se por terra de bruços, cobrirem a face de pó, fazendo em palavras oração aos ídolos, e em actos oblações das melhores substâncias que possuíssem. Tinham mais os seus feiticeiros, que davam a entender àquelas gentes ignorantes que os ídolos falavam, enganando-as; e, se alguém se lhes encomendava em suas enfermidades e sarava, diziam os feiticeiros haverem os ídolos obrado tal; e, se não, que estavam irados. Isto é em parte o que no tocante à religião se costumava entre os Moxicongos, antes de receberem a água do santo Baptismo e o conhecimento do Deus vivo.

Ora, havendo El-Rei amontoado, em diferentes casas da Cidade, todas essas abomináveis imagens, ordenou que, para o mesmo sítio, cada qual levasse uma carga de lenha; e, tanto que o monte cresceu e se tornou grande, mandou lançar-lhe os ídolos e as figuras e todalas outras cousas, tidas entre aqueles povos, antes de então, por divinas, e largar-lhe o fogo, de jeito que arderam. Depois congregou todos aqueles povos e, em vez dos ídolos, que primeiro tinham em veneração, deu-lhes Cruzes e Imagens de Santos, trazidas pelos Portugueses, impondo a cada Senhor que fabricasse na Cidade do seu regimento uma Igreja e arvorasse Cruzes, como ele lhes dera exemplo ([18]).

*A partir daí, estabeleceram-se relações epistolares e missionárias sem interrupção entre o papado, o rei de Portugal e o Manicongo, que usou, durante mais de um século, um nome cristão:*

---

([18]) Filippo Pigafetta e Duarte Lopez, *Relação do Reino de Congo e das Serras Circunvizinhas,* Agência Geral do Ultramar, cap. II e III, Lisboa 1951, extractos.

*Carta de obediência do rei do Manicongo ao papa.*

Santíssimo e Bem-aventurado Pai em Jesus Cristo, Nosso Senhor Júlio II pela divina Providência, Soberano Pontífice, o vosso mui humilde filho Dom Afonso pela graça de Deus rei do Manicongo e senhor das Ambudas manda beijar os vossos sagrados pés com grande humildade. Cremos, Bem-aventurado Pai, que Vossa Santidade já soube a forma como João II, rei de Portugal e em seguida o rei católico Dom Manuel, seu sucessor, enviaram para o nosso país, à custa de grandes despesas, cuidados e penas, religiosos que, graças à sua doutrina, nos desviaram do culto dos ídolos, e nos libertaram de tão grande cativeiro. De como abraçámos a fé de Nosso Senhor Jesus Cristo, recebendo as Santas Águas do Baptismo, que nos lavaram e limparam da lepra e nos libertaram dos erros dos gentios que até agora eram também os nossos, expulsando de nós todos os abusos de Satã e os seus erros. Pois recebemos miraculosamente com todo o nosso coração a fé de Nosso Senhor Jesus Cristo e após termos sido instruídos nela, soubemos que era costume dos reis cristãos enviar os seus protestos de submissão e obediência a Vossa Senhoria, enquanto autêntico vigário de Jesus Cristo e pastor das suas ovelhas; desejamos, porque o considera-mos razoável, imitá-los num costume tão divino e tão sagrado, uma vez que Deus, misericordioso e todo-poderoso, decidiu unir-nos na mesma fé; enviamos a Vossa Santidade os nossos Embaixadores protestar junto de vós a obediência que vos é devida, tal como é uso dos príncipes cristãos. Um desses Embaixadores é o nosso querido e bem amado filho Dom Henrique que o Rei Dom Manuel, nosso amado irmão, mandou instruir nos seus estados, tanto na Sagrada Escritura, como nas coisas respeitantes à fé católica: o outro é Dom Pedro de Sofa, nosso bem amado primo, que, além da obediência que deve apresentar da nossa parte, é portador de algumas instruções particulares para comunicar a Vossa Santidade, as quais suplicamos humildemente vos dignais ouvir e receber, conferindo-lhes todo o crédito, como se fôssemos nós que as proferíssemos diante de Vossa Santidade, que Deus se digne, pela sua misericórdia, conservar ao seu serviço. Escrita na cidade de Manicongo, no ano de 1512 da Natividade de Nosso Senhor Jesus Cristo ([19]).

*O filho de D. Afonso, D. Henrique, educado em Portugal, é,*
*em 1520, o primeiro bispo negro conhecido; efectivamente, foi*

---

([19]) Citada por Luys de Marmol Carvajal, *Descrição Geral da África*, Granada, 1573-1589, liv. I, cap. 39, pp. 109-110.

*criado um bispado na ilha de São Tomé, em 1534, e depois em S. Salvador, capital do reino, em 1596, na sequência do extraordinário relatório feito pelo ousado negociante Duarte Lopes, depois do seu regresso do Congo, onde permanecera quatro anos na corte do rei Álvaro I, de quem foi embaixador extraordinário junto do papa.*

*Mas tudo isto continuava a ser demasiado superficial; o cristianismo surgia aos olhos dos soberanos negros como uma magia suplementar, por culpa dos próprios missionários que apresentavam as coisas com uma simplicidade exagerada; a prática era mais difícil que a conversão; e o abandono da poligamia secular estava fora de questão. A resistência, surda ou declarada, dos feiticeiros, repelidos pelo clero estrangeiro, mas que gozavam da confiança ou despertavam o receio das populações, em breve se sobrepôs à nova religião.*

## A Etiópia do Preste João

*O reino cristão do Congo, longínquo, de clima pouco saudável e quase desconhecido, não resistiu ao desenvolvimento do comércio que, uma vez transformado no único objectivo da actividade portuguesa, em breve o destruiu; os Portugueses acalentavam, sem dúvida, o sonho de estabelecer a ligação entre o Congo e a Etiópia; mas depressa renunciaram a criar na costa ocidental da África um estado tão rico como o misterioso império cristão do Preste João, onde chegou, através do Egipto, no princípio do século XVI, o seu compatriota Covilhã, que nunca mais regressou.*

Ora, devendo de fazer menção do Império do Preste João, que é o maior e mais rico Príncipe, que se encontra em toda a África, digamos, resumidamente, que o seu estado se compreende agora desde as fozes do Mar Roxo até à Ilha de Siene, que está sob o Trópico de Cancro, exceptuadas as costas do dito mar, as quais, de 50 anos a cá, ele perdeu por negligência, havendo-lhas tirado o Turco. Pelo que a demarcação do seu estado, pela banda do Nordeste e do Levante, é a maior parte do Mar Roxo; e ao Norte, o Egipto e os desertos de Núbia; e no Austro, o Moenhemuge; de modo que, assim computando em grosso, pode ter de circuito o Império deste Rei Cristão obra de 4000 milhas. A cidade principal, onde mais se demora e assiste a Corte, chama-se Babelmaleque; e domina muitas províncias que têm Rei; e o estado é rico e abundante de ouro e de prata e de pedras preciosas e de toda sorte de metal. A gente é de desvairadas cores, branca, preta e intermédia, de boa estatura e de bom parecer. Os cortesãos e Senhores trajam-se bem de panos de seda com ouro e pedraria; há uma lei no vestir entre os graus de homens, porquanto acham-se alguns povos aos quais não é permitido vestirem-se de outra cousa senão de peles curtidas.

São Cristãos em maneira, porém, que observam algumas cerimónias da lei dos Hebreus; e, na festa de Nossa Senhora de Agosto, ajuntam-se todos os Reis e Senhores principais, na sobredita cidade, para solenizarem aquela festa, trazendo cada um o tributo, que deve, a seu Rei; e os povos vêm de toda a parte em romaria àquela devoção. Celebra-se uma procissão mui solene; e, da Igreja, de onde sai, levam uma imagem da Virgem Mãe de Deus, grande como uma pessoa comum, toda de ouro; a qual imagem tem por olhos dous riquíssimos e grandes rubis; e todo o mais corpo da estátua é coberto e arraiado de pedraria e de lavores diversos; e é conduzida num andor de ouro de admirável manufactura.

Nesta procissão, sai em público o Preste João, num carro de ouro ou em cima de um elefante, semelhàvelmente todo adornado de jóias e de tais cousas preciosas e raras, vestido de tela de ouro; e é tanta a multidão de gente, que concorre a ver aquela imagem, que muitos morrem sufocados pelo aperto. Chama-se este Rei Preste João, com vocábulo corrupto: o inteiro é Belul Gião; Belul significa o sumo, e perfeito, e mais excelente de tudo; e Gião, Príncipe e Senhor, e compete a quem tem estado e jurisdição; Belulgião, portanto, quer dizer: Sumo Príncipe, e pertence assim ligado sòmente a El-Rei, que também usa o cognome de David, como os Imperadores o de César [20].

## O império do Monomotapa

*Para chegar à Etiópia houve que penetrar no coração do continente negro, provavelmente através do império selvagem e rico do Monomotapa, onde se situava a misteriosa civilização que hoje designamos como a civilização dos Construtores de Pedra. Mas ficavam-se por aqui os conhecimentos dos Portugueses que, acerca do interior, apenas possuíam umas noções muito vagas e fantasistas.*

---

[20] F. Pigafetta e D. Lopez, *Relação do Reino de Congo e das Serras Circunvizinhas*, liv. II, cap. X, pp. 142, 143 e 144.

1. O Infante D. Henrique, presumível impulsionador das grandes descobertas.
   (Manuscritos portugueses do séc. XV – B.N.)

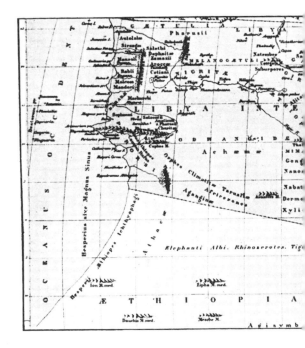

2. A África vista por Ptolomeu no séc. II d. C.: o Níger desagua no Atlântico. (Mapa redesenhado por Charles Muller em 1901 – B.N.)

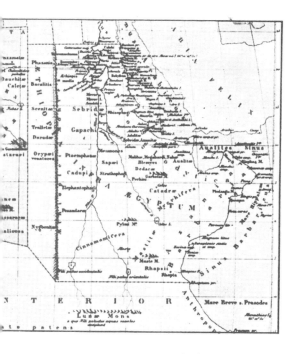

... e pelo cartógrafo marroquino Abraham Cresques em 1375.
(Atlas catalão de Carlos V – B.N.) ▼

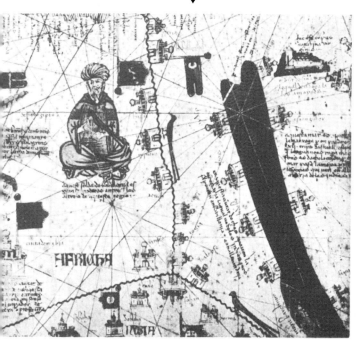

4. A África conhecida no séc. XVII. (Pierre d'Avity, *Description de l'Afrique*, 1637 – B.N.)

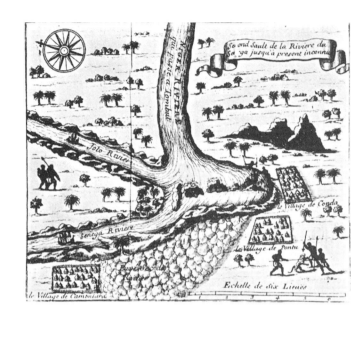

◀ 5. A confluência Níger-Senegal imaginada por um missionário do séc. XVII. (Padre F. F.B. Gaby, *Relation de la Nigritie*, 1689 – B.N.)

7. Um rei negro. (Colchete do séc. XVI – Foto ▼ Giraudon.)

6. A cidade do Benim no séc. XVII. (Pierre d'Avity – B.N.)

8. A recolha do ouro.
9. A corte do rei do Loango.
   (Gravuras do séc. XVII – B.N.)

10. Uma feitoria no início do séc. XVIII:
    a pesagem do ouro.
    (W. Bosman, voyage en Guinée,
    1705 – B.N.)

◄ 11. A chegada a Tombuctu.
(Barth, *Raisen in Afrika*, 1853 – B.N.)

12. Uma caravana de sal na rota de Taoudeni.
(Musée de l' Homme)

13. Um descobridor português visto pelos negros. (Arte do Benim – Musée de l'Homme.)

14. Um régulo da Guiné visto pelos brancos. («Guache» do séc. XIX – Musée de l'Homme.)

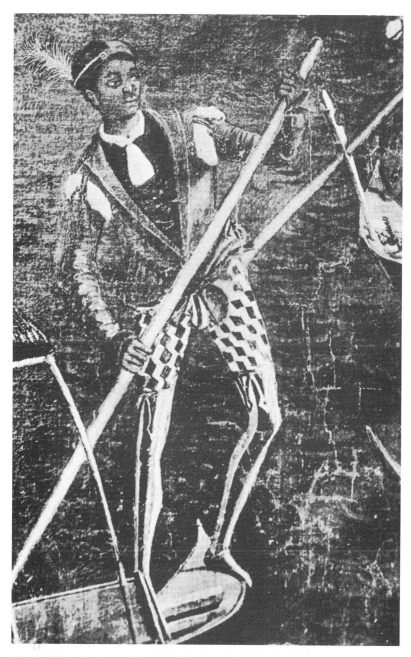

15. Os Africanos, fonte de inspiração dos pintores:
    *em cima*: Carpaccio, séc. XV-XVI;
    *ao lado, em baixo*: Rubens, séc. XVIII;
    *ao lado, em cima*: Watteau, séc. XVIII (Fotos Giraudon.)

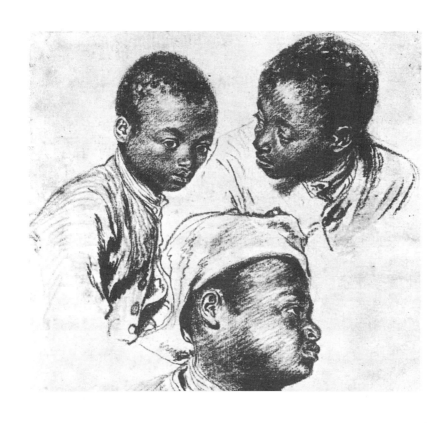

16. A descoberta da arte africana no séc. XX
    (Cabeça de Nok, início da nossa era – Foto Snark International.)

Das praias que estão entre estes dous premostrados rios Manhiça [Limpopo?*] e Cuama [Zambeze?], por dentro do sertão, expande-se o Império de Monomotapa, onde há quantidade grandíssima de minas de ouro, que é levado para todas as regiões vizinhas: para Çofala e outras terras de África; e alguns querem dizer que dessas paragens viesse, trazido por mar, o ouro a Salomão, para o templo de Jerusalém; o que não é fora de verosímil; porquanto nas comarcas de Monomotapa acham-se muitos edifícios antigos, de grande lavor e de boa arquitectura, de pedra e cal e de madeira: o que não se vê nas províncias confinantes.

O Império de Monomotapa é grande e de gente infinita, gentia e pagã, de cor negra, muito animosa na guerra, de estatura meã e veloz; e há muitos Reis vassalos de Monomotapa; os quais frequentes vezes se rebelam e brigam contra ele. As suas armas são arcos e frechas e azagaias de arremesso. Tem este Imperador muitos exércitos, e separados nas províncias, divididos em legiões, à usança dos Romanos; porque, sendo grande Senhor, tem necessidade de batalhar continuamente para manter o estado seu. Entre as gentes de guerra, que apontámos, as mais valerosas em nome são as legiões de mulheres, muito estimadas de El-Rei, e o nervo das suas forças militares. Elas queimam com o fogo as tetas esquerdas, por que lhes não sirvam de embaraço ao dispararem as setas, segundo o uso das Antiquíssimas Amazonas, tão celebradas dos Historiógrafos das primeiras memórias profanas. Por armas empregam arcos e setas; e são mui desenvoltas e rápidas e robustas e corajosas e mestras no assetear e, sobretudo, seguras e fortes no combater. Nas pugnas usam de grande astúcia guerreira, porquanto têm por costume de se irem retirando, como em fugida, e mostrando estarem derrotadas; mas, voltando-se, todavia, muitas vezes, a investir aos inimigos com os tiros das setas; e, quando vêem que aqueloutros, lisonjeados pela vitória, estão já dispersos, volvendo de repente sobre eles, com grande ardimento os matam; e por via da sua ligeireza, com embuscadas e outros ardis de guerra, são temidas, grandemente, naquelas partes. Têm de El-Rei, em usufruto, certos territórios, onde vivem sozinhas; e, por algum tempo, ajuntam-se com homens, escolhidos por elas, a seu prazer, para a geração; e, se parem machos, mandam-nos para as casas deles; e, se fêmeas, guardam-nas consigo para as exercitarem na guerra. O Império deste Monomotapa da banda do Austro com os Senhores do Cabo da Boa Esperança ([21]).

---

(*) Mais provavelmente o Lucomati que atravessa a actual Manhiça e desagua poucos quilómetros a norte do Maputo (N. T.).

([21]) F. Pigafetta e D. Lopez, Relação do Reino de Congo e das Serras Circunvizinhas, liv. II, cap. IX, pp. 133-134.

## As desventuras de um mercador flamengo na costa da Guiné no século XV

*Só os mercadores se aventuravam nesses litorais progressivamente descobertos; traziam da Europa pacotilha barata mas muito apreciada pelos negros – pratos de cobre ou de estanho, latão, ferro fundido, contas – que trocavam por ouro ou por escravos.*

*A primeira feitoria de escravos foi estabelecida em 1443 na baía de Arguim; no ano seguinte, foram trazidos, pela primeira vez, 235 negros da costa da Guiné; mas o desenvolvimento do tráfico para fora de África só ocorreu por volta do século XVI, quando a economia de plantação se desenvolveu nas ilhas da América; em contrapartida, no século XV, embora tivesse sido levado um certo número de escravos para a Madeira para cultivar a cana-de-açúcar, a maior parte deles não deixava a costa da Guiné onde eram absorvidos pelos próprios reinos negros que os trocavam por ouro.*

*Este comércio sem moeda era a «troca», tão lucrativa como perigosa, pois aos perigos da navegação longínqua juntavam-se os riscos provocados pelos homens: a concorrência desleal, os combates, as pilhagens e a escravatura sempre possível eram um destino habitual, no tempo em que este comércio pioneiro desconhecia qualquer espécie de leis.*

*Ciosos do seu monopólio, os Portugueses obtiveram do papa, em 1442, o privilégio exclusivo do comércio ao largo de África; em 1454, uma nova bula pontifícia outorgava-lhes todas as terras a descobrir* ad Indios; *a prerrogativa das descobertas foi-lhes confirmada em 1473: era a prefiguração do famoso tratado celebrado em 1493 pelo papa Alexandre VI entre a Espanha e Portugal.*

*Mas estes acordos de «marcação» não foram respeitados: o tráfico era demasiado vantajoso para deixar de provocar cobiça e o contrabando espanhol ou flamengo, e logo a seguir inglês, intensificou-se.*

*Foi assim que Eustache de la Fosse, mercador flamengo natural de Tournai, feitor de um rico negociante de Bruges, se dirigiu em 1479 ao porto de Sevilha, onde o esperava uma caravela carregada de mercadorias de troca; e o mercador descreve-nos com muitos detalhes, e episódios pitorescos à mistura, as suas desventuras ao longo da costa da Serra Leoa e na costa do Ouro onde os Portugueses se apoderaram do que ele transportava e o obrigaram a trocar as suas mercadorias em proveito deles, antes de o levarem para Portugal, onde foi condenado à morte por contrabando, destino a que se furtou porque conseguiu fugir.*

## O grão do paraíso

Ao cabo de muitos dias, chegámos à Serra Leoa e depois aos baixios Santa Ana [os rochedos do cabo Santa Ana] que é uma zona cheia de rochedos e muito perigosa e leva umas boas vinte horas a atravessar; e depois de vários dias chegámos ao lugar onde cresce o grão do paraíso [a pimenta malagueta ou manigueta] que é uma coisa bonita de se ver e que cresce muito bem: tal como o lúpulo do nosso país, tem hastes compridas e folhas grandes e o fruto é vermelho como uma maçã vermelha e a casca do referido fruto é espessa como uma lâmina de faca grossa e quando cortada apresenta-se branca como a moela de um junco; eles fazem fardos quadrados com o grão embrulhado nas folhas e atam-nos com as referidas hastes, pesando cada um 10, 20 e 30 libras.

É uma coisa agradável de ver estes homens todos nus, só com as partes vergonhosas cobertas; aquela boa gente confiava muito em nós, pois aproximava-se ousadamente das nossas caravelas nas suas almadias, que são pequenos barcos compridos e estreitos muito bem construídos e feitos duma única peça, aguçados à frente e atrás, levando cada um três ou quatro pessoas, quando muito; vão de joelhos e remam com um pau de uma alna de comprido, tendo na ponta uma pá alongada ou quadrada que permite orientar a navegação.

## O tráfico dos negros

E também nos traziam mulheres e crianças para vender que nós comprámos e voltámos a vender no lugar onde pudemos fazê-lo e mãe e filho custaram-nos uma bacia de barbeiro e três ou quatro anéis de latão. E depois, quando estávamos na Mina de Ouro [a costa da Mina ou costa do Ouro] voltámos a vendê-los por doze ou catorze pesos de ouro, valendo cada peso três esterlinos de ouro, o que é um grande lucro (22).

E depois de navegarmos durante muito tempo ao longo da referida costa, chegámos à Mina de Ouro no sábado 17 de Dezembro de 1479, uma semana antes do dia de Natal e deixámos a outra caravela na costa do referido grão do paraíso, pois eles ainda queriam mais, e também escravos para vender na dita Mina. E antes de partir um atrás do outro, tirámos à sorte qual de nós andaria mais seis léguas, pois há dois portos

---

(22) Pesando o esterlino 1,5 g isto representava 54 a 63 g de ouro.

na Mina de Ouro, sendo o primeiro de nome Chama e o outro seis léguas mais adiante; e coube-me a mim ir seis léguas mais longe. E por esta razão parti no dia seguinte ao da minha chegada à referida Mina, para ir ao lugar que me fora destinado; e obtivemos a nossa garantia de segurança do mansa e caramansa que são o rei e o vice-rei; e na segunda-feira, que foi dois dias depois, íamos começar a vender, mas não fizemos nada durante os primeiros quatro ou cinco dias, enquanto os mercadores que existiam no país não foram prevenidos da nossa chegada e depois vimos os Berenbucs que desciam das montanhas e se aproximavam para comprar as mercadorias. Naquele país, os mercadores chamam-se *berenbucs* e o ouro chama-se *chocqua*; a água chama-se *enchou*; sejam bem-vindos, diz-se *berre bene*; e o jogo do amor é designado por *choque choque*; *barbero* é uma criança, pano diz-se *sousse*; *concque ronconcq* é um frango, *concque ronconcq agnio* são ovos; *bora* é um anel para pôr no braço, de latão; *dede* é bom; *fanionna* é mau, etc...

## O ataque português

E na noite de reis que foi uma terça-feira, pela manhã, quando havia um espesso nevoeiro, vieram quatro navios portugueses descarregar a sua artilharia sobre nós, de tal maneira que nos subjugaram e ficámos à sua mercê. E no dia anterior tinham assaltado o nosso companheiro; e no mar encontraram outro que trouxeram com eles para a dita Mina e roubaram-nos a todos. E depois, porque éramos muitos prisioneiros, eles entregaram uma das nossas caravelas aos marinheiros e aos nossos pobres camaradas, deram-lhes água, biscoito, uma vela e uma âncora e manda-ram-nos regressar e assim eles regressaram a Espanha; e os Portugueses ficaram com os mais importantes para enviar ao rei e todos os dias nós ajudávamos a vender as mercadorias que eles nos tinham pilhado.

## A troca em terra

E uma ocasião quando ia na rua e levava duas bacias *[bacias de barbeiro, de metal]*, chamaram-me de uma das casas onde pretendiam comprar-me as bacias, e quando entrei lá dentro vi várias mulheres de pé e a falarem umas com as outras em número de cinco ou seis que parlamentavam, com uma bacia em cada mão: não sei que feitiço me lançaram, o certo é que saí da dita casa deixando lá as minhas bacias. E duas ou três casas mais adiante lembrei-me do que sucedera às bacias e voltei imediatamente à tal casa e entrei lá dentro e não encontrei ninguém e eis que aparece uma jovem descarada que veio perguntar--me se eu queria *choque choque* e ia começar a tirar as calças pensando que eu desejava «brincar» com ela, coisa que não me apetecia nada, pois estava muito preocupado com a perda das bacias que continuavam sem aparecer.

E assim ficámos lá a vender até ao dia dos Ramos, inclusive; e quando estávamos prontos para partir, vimos chegar aqui as duas caravelas que tinham ido 200 léguas mais além, até ao rio dos Escravos, dos quais trouxeram grande quantidade, pelo menos 200 cada uma, dos quais venderam a maior parte na dita Mina de Ouro, mas apesar disso partimos nessa mesma noite e eu fui enviado para a minha própria caravela que Diogo Cão ([23]) comprara ao espólio e que se chamava «La Mondadine» e navegámos com a ajuda dum vento tão forte que nessa mesma noite chegámos ao cabo das Três Pontas, que fica apenas a uma distância de doze léguas da dita Mina, mas a corrente nesse local é tão forte que, por vezes, se demora dez ou doze dias a chegar lá.

E depois chegámos à Malagueta que é a costa do grão do paraíso onde comprámos imediatamente o tal grão e escravos que levámos para Portugal e os Mouros desse lugar levaram para vender ostras de um tamanho admirável que cozemos com o grão do paraíso em pó e achámos muito saborosas naquele santo tempo da quaresma. E também tínhamos bom arroz à descrição e boa manteiga feita de leite de cabra e bom mel.

## As pilhagens

Perguntei àquele que estava encarregado de fazer de piloto donde vinha aquele saboroso arroz, o mel e a manteiga; ele contou-me que quando regressavam para nos vir buscar, tinham passado pelas ilhas dos Ídolos, onde puseram um dos seus navios a seco, para o limpar; mas os Mouros tinham vindo atacar o navio, com o intuito de pilhar o que lá havia. Mas foram imediatamente perseguidos até à aldeia onde moravam e expulsos dela à força e os Portugueses viram que os Mouros andavam nas ceifas. E na praça que servia de mercado descobriram que havia grandes montes de arroz e levaram-no todo para os navios; depois entraram nas casas e encontraram lá escudelas cheias de manteiga e de bom mel muito branco; temperámos com ele o nosso arroz e assim passámos a nossa quaresma sem dificuldades.

---

([23]) Diogo Cão, que descobriu Angola em 1482-1483.

E depois, enquanto íamos e vínhamos ao longo dessa costa do Grão que tem uma extensão de trinta léguas, passámos o tempo a juntar o referido grão e escravos e comprámos várias mulheres, homens e crianças que trouxémos para Portugal.

E quando estávamos na costa do Grão, vimos chegar os dois navios que tinham vendido a maior parte dos seus escravos e recebido muito ouro em troca desses escravos na Mina de Ouro. E tempos depois chegámos às ilhas que ficam em frente do cabo Verde; e pescámos muitos peixes em dois ou três dias, de tal forma que vivemos disso durante mais de seis semanas e caçámos uma grande tartaruga que comemos e achámos muito boa. Estas tartarugas são muito grandes e da sua casca fazem-se escudos de bom tamanho que servem para os homens se protegerem na luta.

E, uma vez terminada a pesca, içámos as velas e pusemo-nos a caminho de Portugal ([24]).

---

([24]) Eustache de la Fosse, *Voyage à la côte occidentale d'Afrique, 1479-1480*, pub. por R. Foulché-Delbosc, Paris, 1897, pp. 11-19.

# QUADRO SINCRÓNICO: OS PORTUGUESES NOS SÉCULOS XV E XVI

| HISTÓRIA INTERNA DA ÁFRICA NEGRA | DESCOBERTA DA ÁFRICA NEGRA | HISTÓRIA GERAL |
|---|---|---|
| Século XV: os Mossi, os Tuaregues e os Songai atacam o Mali. | 1402-1405: conquista das Canárias pelo normando J. de Béthencourt. | |
| Século XV: os Hotentotes no Zambeze. Império de Bechuana. | 1413: A. de Isalguier, natural de Toulouse, regressa de Gao. | |
| Séculos XV a XVIII: três dinastias Fulbé governaram o Tekrur. | 1415: conquista de Ceuta. | 1415: batalha de Azincourt. |
| | 1417: Henrique, o Navegador instala-se em Sagres. | |
| | 1434: Gil Eanes dobra o cabo Bojador. | |
| | 1437: redescoberta dos Açores. | 1437: os Portugueses levantam o cerco de Tânger. |
| | 1441: Nuno Tristão no cabo Branco. | |
| | 1442: o Papa dá aos Portugueses o privilégio do comércio de África. | |
| | 1443: Nuno Tristão descobre Arguim. | |
| | 1443: o monopólio da navegação a sul do cabo Bojador é dado a Henrique, o Navegador. | |
| | 1444: Nuno Tristão chega ao "Território dos negros", próximo da foz do rio Senegal. | |
| | 1445: Dinis Dias na foz do Senegal. | |
| | 1447: carta do Tuat do genovês A. de Malfante. | 1453: conquista de Constantinopla pelos Turcos. Fim da Guerra dos Cem Anos. |
| | 1455-56: Cadamosto (veneziano) e Uso di Mare (genovês) na Gâmbia. | |
| 1465: Ali o Grande, imperador do Songai. | 1460: Pedro de Sintra na Serra Leoa. | 1460: morte do infante D. Henrique, *o Navegador*. |
| | 1469: Fernão Gomes recebe o monopólio do comércio da Guiné por 5 anos. | |
| | 1470: o florentino Benedetto Dei em Tombuctu. | |

1472-1504: Ali, rei do Bornu.

1471-75: João de Santarém e Pedro de Escobar na foz do Níger. Descoberta da ilha de S. Tomé. Lopo Gonçalves no cabo Lopez (Gabão).

1474-75: Rui da Sequeira no cabo de Santa Catarina.

1479-80: viagem do flamengo Eustache de la Fosse.

1482-83: Diogo Cão chega a Angola.

1481-95: G. Dantas sobe o curso do Senegal até às cataratas do Félu.

1487: Bartolomeu Dias dobra o cabo da Boa Esperança.

1490: baptismo do rei do Congo João I.

1493: Pero da Covilhã na Etiópia.

1492: queda de Granada. Cristóvão Colombo descobre a América.

1493: o Papa divide as novas terras a descobrir entre Portugal e Espanha (Tratado de Tordesilhas).

1494-1559: guerras da Itália.

1497-99: viagem de Vasco da Gama.

1512: Mamadu Turé, rei do Songai, esmaga uma revolta fala.

1526: Leão, o *Africano*: *Descrição da África*.

1515: Marignan.

1533: Calvino e a Reforma.

1539: a Companhia de Jesus.

1546: o «askia» do Songai destrói Mali.

1549-82: tratado comercial entre Songai e Marrocos.

Século XVI: os Bariba no Borgu.

Fim do séc. XVI: decadência do reino do Congo.

1548-43: os Portugueses auxiliam a Etiópia.

1548: os Jesuítas no Congo.

1561-1602: o rei do Baguirmi converte-se ao Islão.

1571-1603: Idriss III, rei do Kanem-Bornu.

Depois de 1560: retirada etíope.

1569: invasão da África meridional pelos Jaga.

1479: tratado entre os Turcos e Veneza. Fernando de Aragão desposa Isabel de Castela.

1591: invasão marroquina: conquista de Tombuctu. Queda do Songai.

1588: o desastre da Invencível Armada.

104

# 4. DA DESCOBERTA À COLONIZAÇÃO (SÉCULOS XVII E XVIII)

*Apenas terminadas as grandes descobertas, pôs-se o problema da exploração económica.*

*Os Portugueses tinham eliminado teoricamente a concorrência desde o tratado de demarcação de 1491, confirmado em 1529; e, de facto, os piratas espanhóis e flamengos, no século XVI, operavam mais na rota da América do que na das Índias. A Casa da Guiné ou Casa da Mina, criada em Lagos, no Sul de Portugal, encarregou-se temporariamente do comércio; mas o centro de gravidade das trocas marítimas deslocou-se a partir do momento em que se chegou à Índia; a enorme Casa da Índia transferida para Lisboa desempenhou o papel de um autêntico ministério das Colónias, centralizando todas as iniciativas.*

*É conhecida a forma como o comércio marítimo contribuiu para o engrandecimento de Portugal, ao realizar enormes lucros redistribuindo pela Europa os produtos de África e, sobretudo, da Índia: em 1503, uma casa de Augsburg assinava um contrato directo com Portugal e o Mediterrâneo em breve ficou ameaçado; Génova passou a ressentir-se da falta de saídas para os produtos e foi uma das primeiras a negociar e, em 1515, viu-se mesmo Veneza a comprar pimenta a Lisboa.*

*A descoberta do continente negro continuava, pois, muito dependente dos imperativos económicos. Os Portugueses iam procurar pó de ouro à costa da Mina, marfim a Angola e a Moçambique e, sobretudo, escravos: foram negociados pelo menos 140 000 na costa de África durante a segunda metade do século XV; quando, depois de 1509, se organizou a exportação para as plantações do Brasil, as placas giratórias do comércio triangular (Europa, África, América e regresso) passaram a ser as ilhas do Príncipe e de S. Tomé, no golfo do Benim. Era aí que, no fim da campanha, os navios carregados de negros faziam escala, para comprar os víveres e as provisões necessários para a longa viagem até ao Brasil.*

*Mas os Portugueses não dispunham de meios para transformar em possessões as bases do seu negócio e a sua única preocupação ao longo das costas africanas foi regulamentar o regime comercial que oscilava constantemente entre o monopólio e o comércio privado: o monopólio, que incidia sobre um espaço ou sobre um produto, era privilégio do rei (nomeadamente no que se referia ao marfim, à pimenta e às armas e munições) ou de um grande concessionário; mas a impotência para conservarem sozinhos monopólios demasiado grandes levou muitas vezes esses privilegiados a autorizar a intromissão, nos seus domínios, de empresas privadas.*

*De qualquer maneira, o comércio em si não era muito intenso: em meados do século XVI, Portugal não mandava para a rota das Índias mais de uma dúzia de navios por ano e as perdas eram grandes uma vez que, em tempo normal, se davam por muito felizes quando, em cinco navios, regressavam quatro.*

*Assim, quando Portugal caiu, em 1580, sob o domínio espanhol, vítima do seu império, arruinado pela inflação devida à introdução incontrolada de riquezas excessivas que se limitavam a viajar através do país, pouco restava da sua acção em África: algumas feitorias na costa do Marfim, costa do Ouro e costa dos Escravos e alguns grandes domínios agrícolas em Angola e Moçambique, onde existia um regime de colonização de tipo feudal, nos quais os funcionários portugueses, pouco numerosos devido ao clima, viviam do roubo ou, na melhor das hipóteses, de pequenas fraudes. É certo que às razias directas de escravos tinham sucedido acordos com os soberanos locais que vendiam aos Portugueses os seus condenados ou os prisioneiros de guerra; daí resultou uma forma de penetração particularmente nefasta, encorajada pelos mestiços portugueses iniciados nos métodos do comércio ocidental, os pombeiros «batedores da floresta» que percorriam o interior, nomeadamente do Congo, e chegaram até ao Stanley-Pool e ao Cuango. Cameron, através de relatos de negros, detectou-lhes o rasto no século XIX. O desenvolvimento do tráfico encorajou as lutas intestinas de tribos contra tribos até uma distância de várias centenas de quilómetros do litoral, a desagregação dos Estados e as migrações de população favorecidas já pelos árabes, que também praticavam a escravatura, mas em menor grau.*

*Se a influência de Portugal declinava, o fim do século XVI viu a intervenção das outras potências europeias na África Ocidental: em 1580, a revolta dos Países Baixos contra a Espanha durava havia oito anos; depois do desastre da Armada Invencível, em 1588, que assinalou o início da decadência espanhola, as Províncias Unidas tomaram a dianteira: a partir de 1617, os Holandeses ocuparam Goreia; em 1637, apoderaram-se do forte de S. Jorge da Mina, centro do comércio português na costa do Ouro; em 1652, chegaram ao Cabo. A sua supremacia na costa da Guiné só no fim do século se viu ameaçada pelos Ingleses, já instalados na Gâmbia, que conquistaram a pouco e pouco os primeiros lugares, ao transformarem Cape Coast Castle, na costa do Ouro, no fulcro das suas actividades.*

*Embora as viagens dos Franceses à costa da Guiné remontassem ao reino de Luís XI, embora Francisco I tivesse proibido, pela paz de Cambrai, em 1529, aos seus súbditos da Bretanha, de Ruão ou de La Rochelle que frequentassem a costa de África, para onde enviavam, desde o século XVI, quatro ou cinco navios por ano, o esforço da França cedo se limitou ao Senegal: o posto de S. Luís foi fundado em 1638 e fortificado cinco anos mais tarde e a guerra da Holanda forneceu ocasião para muitas escaramuças em torno das feitorias de Arguim e de Goreia, pertencentes aos Países Baixos.*

*Até os Dinamarqueses se puseram a caminho de África, onde fundaram o forte de Christianborg (Acra, actual capital do Gana) que conservaram até ao século XIX, enquanto os Brandeburgueses cons-truíram o castelo de Grossfriedicsburg em 1683 e realizavam em Taccary (Tackoradi), na costa do Ouro, uma tentativa sem futuro.*

*É que, enquanto o século XV foi a época das descobertas, o século XVII foi a época da organização; começava a era colonial: «Já vimos e ouvimos falar o suficiente das novas terras: chegou a altura de as colonizar», escrevia Lescarbot em 1609. Em contraste com os mercado-res do século anterior, que estavam submetidos aos navegadores respon-sáveis pelas descobertas, os europeus do século XVII dominavam os marinheiros: as grandes potências, já todas presentes, decidiram orga-nizar o mercado.*

*O desenvolvimento da doutrina mercantilista, que exigia que cada Estado, para aumentar a sua reserva de metais preciosos, se bastasse a si mesmo, em breve instaurou o sistema do exclusivo que garantia à metrópole matérias-primas e mercados; por isso, os armadores, certos de conseguirem que os capitais cada vez mais abundantes que possuíam dessem frutos no âmbito nacional, favoreceram a formação de vastas empresas públicas ou semipúblicas: poderosas sociedades por acções apoiadas pelo Estado sucederam às associações de mercadores indivi-duais de tipo medieval; face aos contrabandistas não organizados, estas companhias com alvará gozavam do monopólio comercial, de direitos régios e de isenção de impostos; a Companhia Holandesa das Índias Ocidentais, a Companhia Francesa do Senegal, a Royal African Company foram as mais importantes em África.*

*A medida que a expansão europeia se afirmava, o mercantilismo proteccionista do século XVII deu lugar ao liberalismo económico ao gosto dos filósofos do século XVIII: face às companhias com alvará, moribundas, vítimas de um sistema estático demasiado rigoroso, o sector privado triunfante apoderou-se da gestão e dos lucros das empresas de longo curso; mas a passagem do monopólio de Estado ao comércio liberal não modificou praticamente as condições da expansão: o comércio de escravos continuou durante muito tempo a sobrepor-se, em África, à descoberta científica; os únicos viajantes continuavam a ser alguns missionários e os mercadores, os quais, uns por desprezo pelo paganismo, os outros por indiferença, não estavam aptos a observar nem a compreender os povos; as grandes viagens do fim do século XVIII provocadas pelo despertar da curiosidade científica e dos progressos técnicos interessaram-se pouco pelo continente negro, cujos recursos, comparados com as riquezas enormes e de fácil acesso da Índia e da Indonésia, permaneciam limitados e de difícil acesso: até ao século XIX, a África iria continuar a ser o domínio ciosamente guardado dos negreiros.*

## Os tratados de geografia

*A documentação cartográfica e geográfica progredia, embora muitas vezes continuasse a caracterizar-se por uma certa superficialidade; os geógrafos de gabinete, como o que foi pintado por Vermeer (O Sábio Geógrafo, 1669), sucederam, no século XVII, aos descobridores: o espanhol Marmol de Carvajal, o francês Pierre d'Avity, o irlandês J. Ogilby e o holandês O. Dapper redigiram monumentais* Descrições de África: *a sua obra, que se limitava em grande parte a retomar os relatos dos primeiros viajantes portugueses, tinha muitas vezes falta de originalidade: apesar disso, desempenhou um papel de difusão fundamental.*

### O continente africano

No nosso tempo, os limites da África estão muito dilatados graças ao grande número de terras novas descobertas pela diligência dos Portugueses. Esta nova África vem representada nos mapas de Mercator, Sanutus e outros semelhantes, de um modo bastante ingénuo, como a metade de um crescente, ou um arco muito esticado. Uma das pontas desse arco aponta para o sul, no cabo da Boa Esperança; e a outra, um pouco menos nítida que a primeira, situar-se-á entre o sul e o poente, no extremo desse recife ou montanha tão famosa que fica situada na costa da Guiné e à qual foi dado o nome de Serra Leoa. A circunferência deste arco será o circuito da África, a começar pela Serra Leoa e dando a volta por fora, após ter contornado as margens do oceano Atlântico, do mar Mediterrâneo e do oceano Índico, para acabar no cabo da Boa Esperança. A corda será uma linha imaginária que vai da Serra Leoa até ao referido cabo da Boa Esperança. A flecha deste arco será a ilha de S. Tomé, situada directamente sob o Equador ([1])...

> *Ao passo que os pormenores sobre a costa da Guiné eram mais ou menos satisfatórios, a descrição do Sudão revelava a extrema indigência dos conhecimentos dos geógrafos cristãos, cuja única fonte de informação, até ao fim do século XVIII, foi Leão o Africano, árabe convertido do século XVI, grande precursor e modelo daqueles.*

## O Mali

O reino de Melli *[Mali]* que tem o nome da sua vila principal, residência do rei, é limitado da seguinte maneira: ao norte, Gheneoa ou Guiné (que não devemos confundir com a costa da Guiné); ao sul, o deserto e montanhas nuas; a leste, estende o seu domínio a Gago *[Gao]*; a oeste, uma espessa floresta que se estende ao longo de cinquenta milhas pelas margens do Níger *[Senegal]* separa-o do oceano.

A aldeia de Melli é muito grande e contém aproximadamente 6000 famílias; fica situada a trinta dias de marcha de Tombut *[Tombuctu]*.

No país abunda o trigo, o gado e o algodão. O rei é tributário dos de Tombut.

São todos maometanos e têm mesquitas nas quais fazem não só as suas devoções quotidianas, mas também ensinam ao povo e aos seus discípulos a Lei e a Doutrina, pois não possuem outras escolas.

O povo era outrora governado por um grande príncipe de estirpe real, descendente de um príncipe da Líbia, tio do rei de Marrocos, o célebre Josephus. Ele transmitiu a realeza aos seus descendentes até que Uzchea, rei de Tombut, depôs em 1520 o soberano que nessa altura reinava em Melli, e submeteu todo o país ([2]).

---

([1]) J. Armand conhecido por Mustapha, *Voyages d'Afrique... en 1629-1630*, Paris, 1633, pp. 106-114 (extractos).

([2]) J. Ogilby, *África... collected from numerous authors*, Londres, 1670, p. 322.

# O comércio

## Os fortes: Acra

*Os mercadores portugueses juntavam-se em torno de castelos forti-ficados, que desempenhavam simultaneamente o papel de feitorias comerciais e de postos militares, protegendo os navios de passagem das pilhagens indígenas ou dos ataques dos flibusteiros; as outras nações em breve os imitaram: os Holandeses expulsaram-nos de S. Jorge da Mina, os Ingleses instalaram-se na Gâmbia e em Cape Coast Castle, os Franceses em S. Luís do Senegal e em Uidá, no Daomé; os Dinamarque-ses e os Brandeburgueses possuíam igualmente fortalezas com a ajuda das quais demarcavam a costa de África, garantindo aos seus donos uma «zona reservada» bastante precária porque, entre outras razões, os castelos muitas vezes ficavam muito próximos uns dos outros: só na costa do Ouro, havia treze fortes holandeses, nove ingleses e um dinamarquês.*

Os Ingleses, os Dinamarqueses e nós [os Holandeses] temos um forte cada um nestes lugares e eles podem passar por três dos melhores de toda a costa. Cada forte tem a sua aldeia e cada aldeia o seu nome, mas a designação geral é Acra.

O primeiro a ser encontrado por quem vem do lado do ocidente é o dos Ingleses; está construído em quadrado e tem quatro baterias; encontra-se cercado de muralhas altas e grossas, sobretudo do lado do nosso forte, onde atingem uma espessura fora do vulgar. Nesse forte há vinte e cinco peças de canhão, mas todas ligeiras, que os Ingleses trocariam de boa vontade por doze peças boas, se alguém lhas oferecesse. A guarnição é escassa.

Para sul, à distância de um tiro de canhão do forte inglês, fica situado o nosso forte, que se chama Crèvecoeur (*), embora não seja dissabor nenhum ser seu comandante, por causa do bom negócio que lá se faz. É superior ao dos Ingleses em tamanho e em canhões, mas quanto a força estão equiparados, só que as nossas muralhas não têm tanta espessura como as deles, e por consequência não poderiam resistir durante tanto tempo. Esperamos continuar amigos dos Ingleses, caso contrário corremos o risco de nos cumprimentarmos com uma certa rudeza.

---

(*) Crèvecoeur, em francês, significa *dissabor (N.T.)*.

À distância de um tiro de canhão fica o forte dinamarquês que tem o nome de Christiaansbourg e é o único que os Dinamarqueses possuem na costa. Os negros apoderaram-se dele em 1693, pilharam-no totalmente e conservaram-no em seu poder durante algum tempo, aproveitando a ocasião da morte de alguns homens da guarnição para o assaltar; era um prazer (pondo de parte a infeliz situação dos Dinamarqueses) ver a maneira como os negros viviam naquele forte; o chefe, que se chamava Assammeni, apoderou-se dos fatos do governador dinamarquês, ordenou que lhe prestassem as honras inerentes a essa condição e mandava disparar continuamente o canhão, como se não houvesse hipótese da pólvora se acabar. Permaneceu senhor do forte até que chegaram dois barcos dinamarqueses à costa que, graças aos presentes oferecidos ao rei de Aquamboe e, sobretudo, à nossa intercessão, voltaram a apoderar-se do forte e a instalar nele uma guarnição...

... Estes fortes servem apenas para nos proteger dos insultos dos negros, e não tardaríamos em arrepender-nos se nos propuséssemos chamá-los à razão.

Pareceria, à primeira vista, que havendo aqui três companhias diferentes a negociar, elas se arruinariam umas às outras; mas embora se esforcem por isso e se prejudiquem mutuamente tanto quanto podem, aparece ouro e escravos em tal quantidade (quando os mercadores conseguem passar) que todos se governam, havendo sempre numa o que falta na outra: assim, todas as mercadorias se vendem ([3]).

## As companhias com alvará

> *No século XVII, os fortes transformaram-se em pontos de apoio da actividade das companhias com monopólio. A iniciativa coube aos Holandeses: perante a alta de preços das especiarias provocada pelo número exagerado de sociedades concorrentes que dispersavam as suas forças frente às primeiras empresas britânicas, os estados gerais confiaram à Companhia por acções das Índias Orientais, fundada em 1602, o monopólio da exploração do oceano Índico e do Pacífico. O êxito do empreendimento encorajou-os a fundar, dezanove anos mais tarde, a Companhia das Índias Ocidentais, a única*

---

([3]) W. Bosman, *Voyage de Guinée*, Amsterdão, 1705, pp. 76-77.

*habilitada a garantir o comércio dos escravos, com plenos poderes na costa de África, onde dispunha de grande número de funcionários bem remunerados, gozava do direito de reunir um exército e de manter uma frota de guerra.*

*Em França, as companhias arruinavam-se sucessivamente, por falta de base financeira: os Franceses mostravam-se pouco empreendedores, pois não sentiam uma necessidade vital de expansão e não partilhavam da opinião do Estado, que misturava considerações referentes ao prestígio nacional com a política colonial: assim, Colbert esteve na origem da obra de circunstância de um dos funcionários ao seu serviço, Villaut de Bellefonds, que pretendeu provar, no seu regresso da Guiné, a prioridade dos direitos franceses sobre uma terra que eles teriam sido os primeiros a pisar. Esta falsificação provável iria posteriormente fazer correr muita tinta:*

## Epístola a Colbert

Se aprovais esta relação da Guiné que vos apresento, haverá franceses que não apoiem os vossos gloriosos desígnios e que não se esforcem por voltar a estabelecer-se nessas terras que outrora possuíram, enquanto vós não vos poupais a nada para os mandar para lá, para que volte a surgir um século de ouro em França? Só a vós devo prestar contas da viagem que fiz a mando desta augusta Companhia, que é obra vossa. Neste relato, o amor dos povos da Guiné pelos Franceses acima de todos os Europeus será descrito com tamanha ingenuidade que eles não poderão pô-lo em dúvida...

...É certo que as guerras civis com que Deus flagelou o reino de França acabaram por nos arruinar nessa costa e fizeram com que nos fossem roubados os lugares que ainda possuíamos ali desde o tempo de Luís XI e dos reis seus sucessores. Os Portugueses apoderaram-se de tudo o que possuíamos na costa do Ouro, onde construíram o castelo de S. Jorge da Mina. E a prova de que era considerável é que os Holandeses continuam a servir-se, para os seus sermões, da mesma igreja que naquele tempo construímos, na qual ainda se podem ver as armas de França; e a bateria principal, voltada para o mar, conserva o nome de bateria de França.

Tivemos possessões na costa Akara, Cormentin, Cap Corse e Takorai, onde os Suecos construíram depois, sobre as ruínas do nosso forte...

...A natureza dos Mouros condiz melhor com a dos Franceses do que com qualquer outra; e foi esse o verdadeiro motivo que levou os estrangeiros a afastar-nos, pois se nos estabelecêssemos ali, o comércio deles estaria irremediavelmente perdido e seríamos os únicos a recolher o marfim e essas quantidades imensas de pó de ouro que eles levam destes países e que partilham uns com os outros, sem falar já nos negros ou escravos que enviaríamos para as ilhas da América...

...Os de Diepa traficaram durante muito tempo nesta costa, e misturavam essa pimenta a que os Franceses chamam malagueta ou manigueta com a das Índias, antes de ela se ter tornado tão vulgar e antes mesmo de os Portugueses descobrirem a ilha de S. Tomé; tudo contribui para nos convencer disso: pois as raras palavras compreensíveis são francesas; não designam a pimenta à portuguesa, nem o grão à holandesa, mas chamam-lhe *malaguette* e quando um navio chega, eles, se a têm, após os cumprimentos gritam *Malaguette tout plein, tout plein, tant à terre, de Malaguette,* que são as poucas palavras que aprenderam connosco.

Os Portugueses, que aí chegaram depois dos Franceses, ao serem expulsos pelos Holandeses e Ingleses do litoral, no ano de 1604, mais ou menos, retiraram-se para as terras do interior e aliaram-se com os naturais da região dando origem aos mulatos, e conquistaram por esse meio as amizades desses povos, o que deu origem a que até agora não tenhamos conseguido descobrir o interior dessas terras, que são eles os únicos a explorar comercialmente: e quem pretendesse fazê-lo estaria perdido, porque por presentes ou ameaças eles mandariam os mouros massacrá-lo; no entanto, eles vão a toda a parte e sobem o Níger sem perigo ao longo de mais de 800 milhas até ao Benim.

Mas, no entanto, poderemos um dia voltar a instalar-nos aí, e como fomos os primeiros donos dessa costa, o que não oferece dúvidas a ninguém, devemos considerar um ponto de honra não a abandonar e auferir também esses lucros imensos que enriquecem as outras nações ([4]).

*Na sequência de várias tentativas, os Ingleses fundaram, finalmente, em 1660, a Companhia dos Mercadores Aventureiros: cada um dos membros desta união, que recebia do Estado o monopólio do comércio de África, conservava a autonomia dos seus capitais; doze anos mais tarde, a empresa deu lugar à Real Companhia de África, mais centralizada, cuja carta foi outorgada pelo rei Carlos II:*

---

([4]) Villault de Bellefonds, *Relation des Costes d'Afrique appelés Guinée*, Paris, 1669, pp. 1-11 e pp. 154, 159 e 160 (extractos).

# CARTA DA ROYAL AFRICAN COMPANY (1672)

«Carlos II, pela graça de Deus rei de Inglaterra, da Escócia, da França e da Irlanda, defensor da Fé, etc... saúda todos aqueles que lerem esta carta.

Dado que todas estas regiões juntas e cada uma em particular, de Guiny, Binny *[Benim]*, etc... pertencem à Coroa.

E dado que o comércio das ditas regiões, dos ditos países e lugares é muito rentável para os nossos súbditos neste reino *[a Grã-Bretanha]* e que a fim de aumentar o referido comércio foram tomadas várias medidas e outorgadas várias cartas pelos nossos reais antepassados a diversas pessoas, conferindo-lhes todos os poderes e autoridade que nessa altura se consideravam indispensáveis à prática do referido comércio, mas que tais esforços se revelaram inúteis até ao dia em que Nós, por Cartas Patentes com o Grande Selo do Estado e datadas de 10 de Janeiro do décimo quarto ano do nosso reino, demos e outorgámos à nossa real esposa, a rainha Catarina, à rainha Maria, nossa mãe (depois falecida), ao nosso querido irmão Jacques, duque de York, e a outras pessoas nomeadas no mesmo documento, a propriedade e o governo de todas essas regiões [etc... como gestores da Companhia, formando uma sociedade comercial incorporada como consta do referido documento]– medida graças à qual esse comércio progrediu e aumentou muito.

## Fracasso das tentativas precedentes

Que não obstante, na sequência dos acontecimentos da guerra que há pouco terminou *[entre Inglaterra e os Países Baixos]* e outros acidentes, a referida Companhia sofreu grandes prejuízos que provocaram uma baixa tal nas suas acções, o que, somado às pesadas dívidas com que se debatia, fez que não lhe restasse com que assegurar o referido comércio, deixando de haver quem investisse dinheiro nesse fim, com receio de que ele fosse aplicado obrigatoriamente no pagamento dessas dívidas em vez de empregue no referido comércio.

E tendo a experiência provado também que os poderes e privilégios outorgados pelos alvarás não eram suficientes para atingir o seu objectivo.

Deste modo, a referida Companhia, a fim de pagar as suas dívidas legais até à concorrência do valor do capital que lhe resta, assinou um contrato com as pessoas atrás nomeadas, que nessa ocasião decidiram aumentar o capital e o número de acções comprometendo-se a transmitir-lhes todas as referidas regiões a troco de dinheiro [ ... ] (por nós concedidas, como já dissemos) assim como todos os seus direitos e privilégios relativos ao comércio com essas regiões, e com esse fim suplicava-nos humildemente que nos dignássemos aceitar que ela lhes entregasse todos os seus direitos e interesses dentro da letra e do espírito da lei nas referidas regiões [ ... ] e todos os seus direitos e privilégios relativos ao comércio com essas regiões para que, se nos aprouver, constituirmos as pessoas acima nomeadas numa nova Sociedade ou Corporação à qual possam ser outorgadas as ditas regiões e o monopólio do comércio com elas, assim como todos os seus poderes e privilégios que lhe permitissem desenvolver e assegurar o melhor possível o dito comércio.

E a referida Companhia dirigiu-nos pois esta súplica e entregou-nos sob o seu selo colectivo a dita companhia e o dito monopólio para os fins já referidos.

## Constituição da nova companhia

Ora, ficai sabendo que Nós, no nosso real desejo de encorajar e desenvolver o dito comércio, e a fim de que a nova Companhia ou Corporação deste modo constituída e estabelecida esteja mais apta a manter e a aumentar o dito comércio e tráfico de importação e exportação com os lugares e regiões mencionados nas referidas Cartas Patentes, e nas presentes, aceitámos o dito abandono e, de nossa vontade, com todo o conhecimento de causa e *motu proprio*, demos e outorgámos [tal como dão e outorgam pela presente, também os nossos herdeiros e sucessores] ao nosso bem amado irmão Jacques, duque de York, a António, conde de Shaftesbury, a... *[seguem-se sete linhas de nomes]*, aos seus executores e mandatários, todas e cada uma das referidas regiões [dentro dos limites descritos ao referido Jacques, duque de York, às pessoas acima nomeadas e aos seus executores e mandatários, a partir deste dia e por mil anos, a troco de dois elefantes, etc., isto enquanto gestores da Companhia acima mencionada]:

E portanto [para o bom andamento, etc., do comércio, constituímos as pessoas acima nomeadas, de concerto com] Sua Alteza o Príncipe Rupert... *[segue-se uma página e meia de nomes]* em sociedade de forma que elas e todas as outras pessoas aí aceites formem um corpo constituído único com o nome de Real Companhia Inglesa de África: [outras fórmulas de constituição em sociedade; sucessão perpétua; capacidade legal de adquirir, etc., bens imóveis, etc., de testemunhar e ser citado em justiça, de possuir um selo colectivo], selo esse que será (pois é essa a nossa vontade) concebido e gravado da seguinte maneira: de um lado a imagem da Nossa Real Pessoa em trajos de cerimónia solene ou de aparato, e do outro um elefante com um castelo em cima sustentado por dois negros ou mouros:

[Composição: – um Governador, um Vice-Governador, um Governador-Delegado e 24 adjuntos; o Governador, o Vice-Governador, ou o Governador-Delegado e sete outros escolhidos entre os Adjuntos poderão formar um Conselho de Adjuntos com poderes, segundo as directrizes fornecidas pela Assembleia Geral da Companhia, para administrar os fretes, as vendas, a escolha dos oficiais, etc., e agir em todas as coisas em nome da Companhia; Jacques, duque de York, António, conde de Shaftesbury e Mr. John Buckworth são nomeados respectivamente Primeiro-Governador, Vice-Governador e Governador-Delegado; outras pessoas citadas antes como procuradores] de concerto com outras três pessoas, pelo menos, eleitas durante a próxima Assembleia Geral da referida Companhia, ou em qualquer outra Assembleia Geral, por maioria dos presentes antes do 1.º de Janeiro do ano seguinte, são nomeados Adjuntos até ao dia 20 de Janeiro seguinte, a menos que eles morram ou sejam revogados; a Companhia terá poder para os substituir e organizar uma eleição anual; está previsto um juramento que deverá ser prestado por todos os membros presentes e seus sucessores; queremos e ordenamos que seja o seguinte: «Jurais ser um bom e leal súbdito do nosso Soberano Senhor Sua Majestade o Rei e dos seus herdeiros e sucessores e ser fiel à Real Companhia Inglesa de África para o comércio com essas regiões na vossa administração do referido comércio; não divulgar os segredos da dita Companhia que vos forem confiados pelo dito Governador, Vice-Governador ou Governador-Delegado ($^5$) e durante todo o tempo que esta Companhia durar, não negociar com nenhum dos lugares citados na Carta desta Companhia sem o acordo da Assembleia Geral, ou do Conselho dos Adjuntos, com a ajuda de Deus.»

### Regulamentação do comércio

[Modalidades relativas ao frete dos navios, etc., às minas de ouro e prata e ao comércio destes metais, ao comércio dos negros, etc. ($^6$);

---

($^5$) Estas expressões são um eco do juramento prestado pelos membros duma Corporação, no qual prometem não trair os negócios da Corporação e não revelar as deliberações das suas assembleias.

($^6$) Nesta data, a Companhia de África entregava negros por encomenda prévia que custavam 15 libras quando entregues em Barbados, 16 em Nevis, 17 na Jamaica e 18 na Virgínia.

previsões para novas explorações; interdição de visitas a essas regiões de pessoas estranhas à Companhia e meios para a fazer respeitar; autorização para abordar, atacar ou capturar, etc., navios, negros, mercadorias, etc., e para os confiscar.]

E a fim de melhor impedir qualquer comércio secreto e clandestino contrário às nossas intenções acima expressas, desejamos, tal como os nossos herdeiros e sucessores, conceder à referida Real Companhia Inglesa de África e aos seus sucessores que nenhum dos nossos inspectores ou outros oficiais encarregados de receber as taxas aduaneiras que nos são devidas a nós e aos nossos sucessores, deixe entrar nas referidas regiões qualquer mercadoria proveniente dos nossos portos de Inglaterra, nem deixe importar para aqui qualquer mercadoria produzida, recolhida ou fabricada nas regiões e lugares seguintes: Guiny, Binny, Angola ou Berbéria do Sul, acima das quantidades que de tempos a tempos o dito Conselho de Adjuntos da dita Companhia ou os seus sucessores autorizarem sob a sua chancela colectiva ou por intermédio do oficial que for designado para tratar destes assuntos no Gabinete das Alfândegas.

E por nossa própria vontade, com todo o conhecimento de causa e *motu proprio*, em nosso nome e dos nossos herdeiros e sucessores, concedemos e outorgamos à referida Companhia que o Governador, Vice--Governador, Governador-Delegado, Adjuntos da Companhia em funções ou sete dentre eles devidamente eleitos como foi estipulado, tenham o poder e o direito de manter em boa ordem, regular e governar todos os fortes, feitorias e plantações actualmente existentes ou que poderão no futuro ser fundados pela referida Companhia ou em nome dela nas partes já mencionadas de África, assim como o poder de fazer e de proclamar a paz e a guerra com todas as nações pagãs que habitam ou venham a habitar nas regiões situadas nas referidas partes da África, se tal for necessário (⁷) [e de nomear para elas governadores autorizados a recrutar tropas e a aplicar a lei marcial; repartição dos lucros das minas de ouro].

## Tribunal de Justiça

E para melhor encorajar os comerciantes que fizerem negócios com essas regiões, julgámos por bem instituir e estabelecer, o que fazemos pelo presente documento, um Tribunal de Justiça, que funcionará no

---

(⁷) Esta cláusula e as seguintes estão incluídas (excepto no que se refere às minas de ouro) na *Carta das Índias Orientais* de 1683.

ou nos lugares, forte ou fortes, plantações e feitorias, das ditas costas, escolhidas periodicamente para este efeito pela Companhia. Este Tribunal será formado por uma pessoa instruída no direito civil e por dois comerciantes; os seus membros, assim como todos os oficiais de justiça necessários ao seu funcionamento, serão nomeados e designados periodicamente pelo Conselho dos Adjuntos ou sua maioria. Estes três juízes ou a maioria deles, na condição de nela estar incluído o jurista, terão o direito de instruir, deliberar e pronunciar-se sobre todos os assuntos de confisco e captura de todos os navios, produtos e mercadorias interceptadas nas ditas costas fronteiras, onde a sua presença contrariar as intenções e o espírito desta carta, assim como sobre todos os assuntos relativos a transacções comerciais ou marítimas, compras, vendas ou trocas de quaisquer produtos, sobre as apólices ou prémios de seguros, sobre qualquer tipo de comércio, obrigações ou promessas de pagamento por contratos comerciais ou financeiros, sobre todas as escrituras ou contratos de frete de barcos, questões de salários dos marinheiros e sobre todos os outros assuntos marítimos e comerciais respeitantes às pessoas que residam, tenham como destino essas regiões ou nelas se encontrem de passagem, e sobre todos os assuntos respeitantes a prejuízos e danos em pessoas que residam, tenham como destino ou estejam de passagem nas regiões mencionadas, ou em representantes destas no alto mar ou nas referidas regiões.

A Companhia gozará, na cidade de Londres, dos mesmos privilégios das outras Companhias.

Os Almirantes, Contra-Almirantes, etc... deverão ajudá-la, etc...

Esta Carta deverá ser considerada como válida e interpretada favoravelmente, não obstante qualquer omissão que possa conter.

Citação formal... etc...

Testemunhas (etc...)

Testemunha, o Rei em Westminster, a 27 de Setembro.

Pelo Rei ([8]).

*Os agentes principais da Companhia, encarregados da chefia das diferentes feitorias de África, gozavam de grandes poderes, mas permaneciam sob o controlo do Conselho de Londres que exercia sobre eles uma vigilância tão rigorosa*

---

([8]) *Arch. Public. Record Office*, Londres, Treasury 70-1505. Extractos citados por C. T. Carr, *Select Charters of Trading Companies*, t. 38, Selden Society, Londres, 1913, pp. 186-192.

*quanto o permitiam a lentidão das comunicações e o carácter relativamente impreciso das suas instruções:*

Castelo de Cape Coast, a 20 de Outubro de 1750.
– Do Presidente e do Conselho da Real Companhia Africana de Inglaterra.
– Instruções destinadas ao Agente principal em Commenda.
– A Mr. John Smalman Gardner, Agente principal da Real Companhia Africana de Inglaterra no Forte de Commenda, ou para o Agente principal em exercício...

## Direcção do forte

1. Deveis partir daqui para Commenda pelo primeiro meio de transporte conveniente e tomar conta do forte, recebendo ao mesmo tempo em guarda todas as mercadorias, depósitos e materiais pertencentes à sobredita Companhia ou a qualquer outra pessoa ou pessoas que lá se encontrarem, e assinar dois inventários das ditas mercadorias e depósitos, reconhecendo tê-los recebido à vossa guarda e encargo e especificando a quem pertencem e transmitir-nos o dito inventário pelo primeiro meio de transporte conveniente.

2. Deveis tomar à vossa guarda e encargo todos os escravos e condutores de pirogas que trabalham no castelo da Companhia e fazer o respectivo inventário que nos será transmitido da forma já indicada.

3. O vosso objectivo nesse posto é promover, aumentar e defender a honra, o interesse e o comércio da Real Companhia Africana de Inglaterra.

4. Deveis elaborar um diário exacto e assentar nele todas as recepções e entregas de mercadorias, assim como as despesas quotidianas ocasionadas pelos *cabeceres* [ministros e autoridades negras dos reinos costeiros] e pelos mercadores, e uma vez que esses livros nos devem poder ser apresentados a qualquer momento a nosso pedido e no fim de cada período de dois meses, deveis fazer uma cópia e enviá-la para aqui, conservando o original para o caso de vo-lo pedirem; dado que os Agentes principais têm deparado com muitas dificuldades porque não conhecem suficientemente os costumes dos indígenas e os assuntos do país, o que tem provocado muitas infracções aos privilégios da Companhia, pedimos e exigimos pela presente carta que sejam inscritas num relatório quotidiano todas as transacções relacionadas com a vossa administração, assim como todas as ofertas que vos forem feitas, quer essas transacções e ofertas sejam realizadas entre brancos

e indígenas ou somente entre indígenas, e com vossa decisão; e não vos esqueçais de nos avisar sempre que um navio ou veleiro acoste ao vosse molhe num momento ou noutro, e de nos fornecer as informações mais exactas que conseguirdes obter acerca da carga que trouxerem e de entrar em correspondência com o nosso Conselho e de lhe dar a vossa opinião sobre todos os acontecimentos dignos de interesse ocorridos em Commenda [ ... ].

### Regulamentação de transacções

5. ...Uma vez que estais encarregado de tudo o que pertence à Real Companhia Africana de Inglaterra no Forte de Commenda e dos bens de todos os súbditos britânicos, e que vêm especificados no inventário, deveis mostrar-vos diligente e trabalhar para promover o seu comércio e para saber quais os interesses e as vantagens destes, empregando todos os vossos esforços em seu proveito, encorajando os indígenas que negoceiam convosco, tratando-os bem e com cortesia.

6. Em matéria de escravos, não deveis comprar senão aqueles que se encontram em estado de serem utilizados no comércio e dado que, de momento e por várias razões, não fixamos um limite aos preços, deveis arranjá-los tão baratos quanto possível, mas sem insistir a ponto de os preços serem tão baixos que os indígenas desistam de negociar convosco, e esforçando-vos, ao mesmo tempo, para que os vossos concorrentes não adquiram vantagens sobre vós. Deveis lembrar-vos sempre que o preço pago pelos escravos deve ser separado do das *dachas* (⁹) e doutras despesas que surgirem na altura da compra; ou seja, o preço dos escravos deve ser especificado tal como o preço das mercadorias pagas, que têm de ser anexadas ao montante das despesas, vindo as *dachas* à parte. E deveis mencionar todas as transacções comerciais realizadas no vosso relatório quotidiano, lealmente e com regularidade, à medida que elas se processarem. E estais autorizado a retirar o vosso salário e despesas da vossa alimentação do ouro que obtiverdes nessas transacções comerciais [ ... ].

8. O vosso armazém deve estar limpo e arrumado; as mercadorias devem ser arejadas muitas vezes; deve ser feito tudo o que pode

---

(⁹) Chamava-se *dacha* à comissão paga ao intermediário, para além do preço da mercadoria.

protegê-las de estragos de qualquer natureza; o trigo que vos mandarem comprar ou receber deve ser frequentemente arejado para não apodrecer.

9. Deveis também, sempre que tiverdes ocasião para isso, mandar-nos para aqui o ouro dos escravos e outros lucros dos produtos africanos que se encontrarem no forte, à excepção daquilo que nós ordenarmos ou permitirmos que conserveis para vós; e na mesma ocasião, deveis transmitir-nos por carta o preço pelo qual eles foram pagos, assim como as vossas despesas.

10. Enviareis para aqui todos os produtos que estiverem estragados, para que possamos examinar e constatar os estragos.

## Disciplina e salário

11. Deveis vigiar todos aqueles que estiverem sob as vossas ordens, e punir todas as faltas consoante a sua gravidade. E os que realizarem a sua tarefa de forma satisfatória deverão encontrar em vós a bondade e a cortesia correspondentes à sua situação e ao seu emprego. E não vos esqueçais de os recomendar nas vossas cartas.

12. De dois em dois meses, no máximo, velai para que sejam feitos os pagamentos a vós mesmo, à guarnição e aos escravos da Companhia e da costa. E os negros receberão aquilo que esperam por parte dos europeus, no que respeita a comida; nenhum funcionário da Companhia ou qualquer outro súbdito britânico deverá molestar ou maltratar um indígena, seja ele quem for.

13. Não deveis contrair nenhuma dívida em nome da Companhia, nem adiantar qualquer parcela de salário à guarnição, aos escravos da Companhia ou aos condutores de piroga antes do pagamento que lhes é devido. Não confiareis qualquer mercadoria da Companhia aos indígenas e aos comerciantes. Se o fizerdes, deveis lembrar-vos que tendes de responder pelos referidos adiantamentos ou dívidas contraídas se não formos previamente avisados das vossas intenções.

14. Não vos descuideis nunca e usai de prudentes precauções para vos prevenirdes contra qualquer insulto por parte dos indígenas e, para melhor protecção do forte cuja guarda tendes, esforçai-vos por conservar sempre uma reserva de trigo por cada branco e cada negro às vossas ordens e uma quantidade suficiente de madeira e por manter o vosso território protegido com mosquetes, de forma a que o inimigo não possa encontrar nele abrigo e que, em caso de ataque ou de cerco, não sejais obrigado a render-vos em termos desonrosos antes de podermos enviar-vos socorros – e, pela mesma razão, deveis cuidar da pólvora e

dos outros materiais de guerra existentes no forte ou que vierdes a receber e não utilizar deles senão o que vos vier a ser necessário para a realização do vosso comércio.

15. Deveis esforçar-vos, pondo em acção todas as vossas capacidades, para que o forte permaneça em bom estado e como o dito forte se encontra em muito más condições, reuni, de tempos a tempos, o material necessário e informai-nos dos operários, materiais, etc..., de que precisais com esse fim.

16. Cultivai a vossa horta de maneira que, se tal for possível, tudo lá cresça consoante a natureza do clima e fazei com que essa horta seja uma fonte de prazer e de lucro.

## Política a seguir

17. Deveis empregar todos os meios possíveis para encetar relações com a população e *cabeceres*, comerciantes e indígenas de Commenda e dos arredores. Fazei esforços para os conquistar no interesse da Companhia, incitando-os a negociar só convosco.

18. Deveis limpar e controlar cuidadosamente todo o ouro que vos for parar às mãos, não vos esquecendo que somente o melhor será aqui aceite. Da mesma maneira, velai para que todo o trigo recolhido ou comprado por nossa ordem seja bom e são, pois não deveis comprar ou trocar aquele que estiver estragado ou com gorgulho.

19. Saudareis os navios e embarcações que, de tempos a tempos, aí lançarem a âncora ou se cruzarem convosco, mas mandando disparar menos dois tiros de canhão do que os que vos forem dirigidos...

20. Os capitães dos navios britânicos e americanos receberão toda a espécie de cuidados e atenções da vossa parte, mas não deveis, em caso algum, contactar com os franceses, e esforçar-vos-eis por que eles não realizem a menor transacção com os europeus e os indígenas que se encontrarem sob as vossas ordens, nem com ninguém que se encontre sob a vossa influência.

21. Acerca dos deveres para com os inspectores...

22. Não deveis içar no forte ou transportar em terra ou no mar nenhuma bandeira além da de S. Jorge, sem ordens nossas para agir de modo diferente.

23. Deveis examinar frequentemente as nossas instruções, assim como qualquer ordem subsequente vinda do Conselho ou dos seus sucessores, e observá-la escrupulosamente.

24. Nos casos em que exista omissão nas presentes instruções, deveis agir da forma mais acertada e utilizar a vossa habilidade para

servir os interesses e a honra da Real Companhia Africana de Inglaterra, de maneira íntegra e honesta. E quando surgir uma dificuldade ou uma dúvida acerca do comportamento a adoptar, avisar-nos-eis imediatamente e recebereis instruções nossas acerca desse caso específico [10].

## As «mercadorias»

*O comércio de troca não diferia fundamentalmente do dos séculos anteriores: os mercadores traziam «mercadorias» – tecidos, quinquilharia, álcool, mais tarde espingardas e pólvora, além de vários objectos de pacotilha com pouco valor na Europa – que trocavam com grande lucro por produtos africanos: ouro, escravos e marfim na Guiné ou borracha no Senegal.*

As mercadorias e provisões que os Holandeses lhes fornecem.

«Em primeiro lugar, levamos-lhes muitos tecidos da Silésia que eles adquirem em grande quantidade, pois ataviam-se com eles, e esse é o pano mais ordinário que usam no vestuário; em segundo lugar, levamos também grande quantidade de diversas espécies de bacias de barbeiro, de banho e outras, além de caçarolas escocesas com duas pegas redondas, pequenos recipientes sem rebordo, que servem para diversos fins, as grandes são utilizadas sobre as sepulturas dos mortos e para transportar coisas e as pequenas para recipientes de óleo, as bacias trabalhadas para meter as bugigangas e os enfeites, as grandes caçarolas escocesas são usadas para matança e limpeza de porcos ou cabritos, as pequenas bacias sem rebordo servem para a cozinha; não gostam das que têm cabo, como nós; e essas bacias são transportadas nos navios em tal quantidade e existem em tão grande número na região que muitas vezes os negros habitantes daquelas paragens as compram ao preço pelo qual são vendidas em Amesterdão; e o interior da região deve ser muito povoado, pois consome uma quantidade pouco usual de artigos que se gastam tão pouco.

Além disso, leva-se para lá uma grande quantidade de caldeirões dos quais se servem para ir buscar água aos poços e rios e também vasos de cobre vermelho forrados de estanho por dentro, que usam para guardar a água, e vasos de barro para beber, ferro para fazer armas tais como azagaias, foices, punhais, etc...; levam-se ainda tecidos verme-

---

[10] *Arch. Public Record Office*, Londres, Treasury 70-68.

lhos, azuis, amarelos e verdes, que enrolam em volta do corpo e onde penduram os seus adornos, tais como bolsas, facas, adagas e outros; usam as mantilhas de Espanha caídas em volta do corpo como um manto e os anéis vermelhos e amarelos servem para ornamentar os braços e as pernas, e ainda outros enfeites de estanho, mas estes em menor número. Consomem também grande número de facas fabricadas no nosso país e uma grande quantidade de contas de Veneza de todas as cores e feitios, mas preferem uma dessas cores a outra qualquer: partem-nas em quatro ou cinco bocados e depois aguçam-nas com uma pedra como as nossas crianças fazem aos caroços de cereja e enfiam-nas às dez e às doze numa haste de planta e usam esses corais aguçados em volta do pescoço, mãos e pernas; usam também padre-nossos [rosários] redondos e grandes que penduram e entrançam nos cabelos, ou colocam em volta das orelhas; e os alfinetes servem para fazer anzóis de pesca; as caudas de cavalo enfeitadas servem para as danças e para enxotar as moscas quando estão sentados a descansar; também gostam de espelhos, de bilhas e outros objectos semelhantes, mas as mercadorias mais consumidas, que todos exigem e se trocam mais facilmente, são tecidos de linho e algodão, panos, utensílios de metal tais como bacias, caldeirões, facas e enfeites.

O resto não é consumido em quantidade, mas de uma forma irregular, mais nuns lugares que noutros; por vezes, levam-se para lá objectos na esperança de obter alguns lucros (pois é esse o objectivo do negociante); e assim, à laia de experiência, levaram apitos de barro, que constituíam uma novidade, mas ao verem que eles se partiam ao cair no chão, não quiseram comprá-los: quando lhes propuseram comprar estribos de cavalo, eles perguntaram logo se as nossas mulheres os usavam pendurados nas orelhas; e disseram que não levassem mais nenhuns, pois as orelhas das mulheres deles eram demasiado pequenas para uns anéis tão grandes; também lhes levaram óculos, mas não conseguiram segurá-los por causa dos narizes chatos que têm; levaram ainda chaves, que a princípio lhes agradaram, mas eram em tal quantidade que agora já não querem mais; perguntaram para que serviam, tendo-lhes sido demonstrado que era para abrir as fechaduras dos cofres e dos armários de comida; nessa altura, disseram que não queriam mais, pois não se preocupavam nada com os armários das mulheres deles, que eram perfeitamente capazes de os guardar ([11]).

---

([11]) *Récit historial du Riche Royaume d'Or de Guinée*, Amesterdão, 1605, pp. 19-21.

## A troca em terra

> *Os negros da costa compreenderam rapidamente que o comércio de escravos podia enriquecê-los à custa do interior.*

Os camponeses do interior não ousavam, a princípio, aproximar-se dos Portugueses para negociar, comportando-se para com eles do modo selvagem que lhes é natural, pois sentiam-se aterrorizados por ver homens brancos e vestidos (enquanto eles andavam nus e eram negros): nessa altura levavam o ouro que possuíam aos habitantes do litoral (onde os Portugueses faziam negócio) dizendo-lhes que mercadorias e produtos desejavam em troca do seu dinheiro; nessa altura, estes iam aos castelos e compravam lá aquilo que eles pediam e o comerciante que lá os enviava pagava um peso de ouro a cada um; se os negócios que faziam eram muitos, arranjavam uma grande quantidade de pesos, o que constituía um bom salário, e assim iam ganhando a vida ([12]).

## A troca ao largo

> *A insalubridade do clima e a insegurança dos lugares faziam com que muitas vezes se optasse pela troca ao largo: o navio ancorado limitava-se a esperar que os negros chegassem nas pirogas; esse método não encorajava nada o progresso das descobertas, tanto mais que as tribos intermediárias, ciosas do seu monopólio, eram tão hábeis como os europeus a intrujar os povos do interior:*

Vêm de manhã muito cedo com as suas canoas ou pirogas, de terra para os navios que estão ancorados diante da aldeia para negociar com eles; os camponeses dão o seu ouro aos pilotos e intérpretes, dizendo--lhes as mercadorias que querem comprar e estes pilotos e intérpretes levam esse ouro para os navios, transportando agarrada ao corpo uma bolsa na qual guardam o ouro, cada porção embrulhada num papel ou pedaço de pano para se lembrarem a quem pertence e quais as mercadorias que o dono dele pretende; assim, arranjam várias comissões para comprar mercadorias, às vezes dez e doze.

---

([12]) *Récit historial du Riche Royaume d'Or de Guinée*, Amesterdão, 1605, pp. 17-18.

E, depois de empregarem o dinheiro, exigem uma doação a que chamam *dacha*: pois os comerciantes, para atrair os mercadores, pensaram em prometer aos intérpretes (aos quais têm necessariamente de tratar bem, pois são eles que levam os mercadores até aos navios), que lhes davam um tanto; e assim, de mão em mão, o costume dessa *dacha* chegou a tais proporções que hoje atinge bem 6 ou 7 %; houve um tempo em que os negros e os mercadores se tornaram tão falsos com essa *dacha*, querendo impor a sua vontade a todo o custo, que iam aos navios e se recusavam a comprar ou a negociar antes de verem as doações que os caixeiros lhes apresentavam; assim, em vez de, tal como dantes, serem os camponeses e mercadores a pagar um imposto aos pilotos e intérpretes, passaram a ser os pilotos que, para atrair a si os mercadores por causa do lucro da *dacha* que recebem dos comerciantes, pagam aos camponeses a referida *dacha*.

Uma vez que a mercadoria é ali vendida quase continuamente ao mesmo preço, os intérpretes quase não falam com os comerciantes, mas discutem com o camponês vindo do interior do território, de distâncias superiores a cem ou duzentas léguas do litoral, para lhe dar a menor quantidade possível de mercadoria; depois, quando o preço é combinado com o camponês, pesa-se o ouro e, depois do negócio fechado, regressam a terra, deixando ir o camponês com as mercadorias para casa, e quando ele se vai embora, voltam a bordo dos navios para ir buscar o que foi roubado ao pobre aldeão; assim, conseguem muitas vezes, graças a tais práticas, subtrair ao camponês mais dum terço do que lhe é devido ([13]).

## Os pesos

Para pesar o ouro, fazem pesos de cobre, de tamanhos apropriados; têm pequenas balanças de cobre, redondas, à semelhança duma casca de laranja, com umas hastes muito compridas e uma pequena lingueta na qual existe um buraquinho pelo qual passam um fio; pegam nesse fio para levantar a balança e é assim que pesam. É difícil para nós utilizar essas balanças, pois é preciso um jeito especial para as manejar; efectivamente, quando pensamos ter o peso certo, muitas vezes enganamo-nos, mas eles usam-nas como se assim não fosse.

Os camponeses do interior da região têm pesos feitos de madeira e de favas vermelhas e negras; servem-se deles, sabendo exactamente

---

([13]) *Ibid.*, pp. 18-19.

quantas favas perfazem um, dois ou três pesos dos flamengos ou dos holandeses.

– Uma *benda* é o peso maior que eles possuem e equivale a duas onças das nossas.
– *Benda Affa* é uma meia benda, ou seja, uma onça.
– *Affuva* são dois pesos e meio.
– *Eggeba* são dois pesos ou uma meia onça.
– *Sirou* equivale a um peso e meio.
– *Quienta* é um quarto de peso.
– *Agirague* é um meio peso ou um quarto de onça.
– *Mediabata* é um quarto de peso.
E cada peso vale meia onça, de forma que os pesos deles só no nome correspondem aos nossos.

Medem os tecidos de algodão utilizando duas braçadas ao mesmo tempo; cortam essa porção em duas e chamam a cada uma das partes *iectam* e vendem assim o tecido uns aos outros; e essas duas braçadas correspondem a uma alna (*) e três quartos; cortam o pano em tiras da largura dum palmo e servem-se dele para cingir o corpo e revendem assim o tecido uns aos outros, dividido dessa maneira ([14]).

## Os «produtos»

## O ouro

> *Os agentes das companhias ocidentais não sabiam muito mais acerca do ouro do que no passado: a troca muda subsistiu durante muito tempo, sem dúvida, entre os povos negros:*

A maior parte das pessoas da Europa crêem que somos donos das minas de ouro e que somos nós que mandamos extraí-lo, como os Espanhóis fazem na América. Isso é um erro: nem sequer temos acesso às minas; não creio sequer que algum de nós as tenha visto, pois os negros, considerando-as sagradas, farão sempre tudo para impedir que alguém se aproxime delas ([15]).

---

(*) Antiga vara francesa, equivalente a 1,82 m *(N. da T.)*.
([14]) *Récit historial...*, pp. 25-26.
([15]) W. Bosman, *Voyage...*, pp. 89 e 92.

*Foi só em 1747 que Duliron, agente da Companhia Francesa do Senegal, chegou às minas de ouro do Bambuque, após ter subido, durante dez dias, o Senegal e depois o rio Falemé:*

Ao longo do rio existem minas de ouro, onde os negros trabalham, de que extraem grande quantidade, quer escavando o leito do rio quer os arredores até a terra se esboroar, isto é, a três ou quatro pés de profundidade; observam, no entanto, que quanto mais cavam, mais a mina se torna abundante. Trouxe amostras desse ouro que os negros encontraram na minha presença, no espaço de alguns minutos, lavando simplesmente a terra da mina...[16]

...Quando chove muito durante a noite, vê-se pela manhã um grande número de mulheres negras transportando um vaso grande e um pequeno; enchem o primeiro de terra e areia e lavam tudo aquilo na água corrente até a terra sair e se há ouro ele fica retido no fundo do recipiente; em seguida, elas esvaziam o vaso grande no pequeno e recomeçam até ao meio-dia, e muitas vezes encontram o equivalente a cinco ou seis soldos de ouro.

O ouro aparece sob duas formas: o *ouro em pó*, quase tão fino como a farinha, o melhor e o mais apreciado na Europa; o outro consiste em bocados de tamanhos diferentes: é designado por *ouro de mina* [17].

*O ouro provinha em maior quantidade da região dos Achanti, no interior da costa da Mina:*

O ouro trazido pelos de Dinkira, a cinco dias de Elmina e a mais de dez de Akim, é bom e puro, mas misturam-lhe muitos feitiços, alguns dos quais de aspecto engraçado: metem esses feitiços, depois de fundidos, em moldes de terra negra muito pesada e conferem-lhes a forma que desejam. Por vezes, um quarto ou até mesmo metade são de prata ou cobre; também se encontram feitiços de ouro, mas só muito raramente os trocam, pois conservam-nos para se enfeitarem com eles...

Mas o país que mais e melhor ouro produz é o de Akim. Alguns dos seus habitantes disseram-me que o país era tão vasto que a maior parte dos naturais de lá não sabem quais os seus limites do lado da Barbaria [18].

---

[16] Duliron, pub. por H. Froidevaux e *Revue Africaine*, Paris, 1905, pp. 201--204.

[17] W. Bosman, *Voyage...*, pp. 89-92.

[18] *Ibid.*, pp. 81-95 (extractos).

*O comércio tinha os seus riscos, pois os negros eram peritos em fabricar ouro falso:*

Eles fundem alguns bocados, de maneira a arranjar uma capa exterior de ouro da grossura duma faca, mas dentro apenas há cobre e, muitas vezes, ferro; inventaram isto ainda não há muito tempo, mas o ouro falso vulgar é composto de prata, de cobre e de uma pequena quantidade de ouro; apresenta uma cor bastante escura, o que engana facilmente. Há uma outra espécie de ouro falso que se assemelha muito ao ouro maciço e não passa duma certa matéria composta de coral fundido. Também têm ouro em pó, embora para isso se sirvam quase sempre de cobre limado, ao qual dão a cor do ouro ([19]).

*No entanto, a produção era intensa:*

Estes países produzem, efectivamente, todos os anos, em tempo de paz, 7000 marcos de ouro da seguinte maneira, tanto quanto sei:

|  | *Marcos* |
|---|---|
| – *Para a Companhia das Índias Ocidentais* | *1500* |
| – *Para a Companhia Inglesa* | *1200* |
|  | *2700* |

| | |
|---|---|
| – *Os navios zelandeses não privilegiados levam todos os anos tanta quantidade como os da nossa Companhia, isto é* | *1500* |
| – *Os navios ingleses não privilegiados* | *1000* |
| *Mas estes últimos levaram o dobro nestes dois ou três últimos anos.* | |
| – *Os brandeburgueses e os dinamarqueses recebem, em conjunto e em tempo de paz, aproximadamente* | *1000* |
| – *Os portugueses e os franceses recebem em conjunto pelo menos* | *800* |
| *Total* | *7000* |

Assim, na minha opinião, o ouro levado para a costa e que em seguida é transportado para diversos lugares, chega a 2 300 000 libras, se contarmos três marcos por cada 1000 francos *[libras]*. Mas isto

---

([19]) *Ibid.*, p. 92.

sucede no bom tempo, quando os caminhos estão livres e os mercadores podem deslocar-se facilmente. Pois em altura de guerra, ou quando os negros estão divididos entre si, não creio que se chegue a atingir metade disso [20].

## Os escravos

*O desenvolvimento do tráfico de escravos esteve ligado ao desenvolvimento da cana-de-açúcar, introduzida no século XVII nas Antilhas. Enquanto os Portugueses se abasteciam no Congo, a costa do Daomé em breve se tornou num dos centros desse triste comércio.*

A gente de Juda [*Uidá no Daomé*] dedica-se de tal forma ao negócio de escravos que conseguem fornecer mil por mês [ ... ].

Quando os escravos chegam a Fida [*Juda ou Uidá*], metem-nos todos juntos numa prisão e, quando queremos comprá-los, levam-nos para uma grande praça onde, após os despirem sem distinção de sexo, eles são inspeccionados em pormenor pelos nossos cirurgiões. Põem-se de lado os que estiverem em bom estado, e aqueles a quem falta qualquer coisa são colocados junto dos impotentes, que aqui se chamam *macrons*; como, por exemplo, os que têm mais de trinta e cinco anos, os que apresentam os braços ou as pernas estropiados, aqueles a quem falta um dente, os que têm cataratas nos olhos ou uma doença vergonhosa.

Entretanto, é colocado na fogueira um ferro com as armas da Companhia e aplica-se esse ferro quente no peito dos escolhidos.

Não demoramos muito a negociar estes escravos, uma vez que o preço está regulamentado, valendo as mulheres menos um quarto ou um quinto que os homens.

Em seguida, os escravos são novamente metidos na prisão onde vivem à nossa custa; pode alimentar-se um escravo duas vezes por dia, mas só a pão e água; assim, para evitar a despesa, enviamo-los para os navios logo que podemos. Antes disso, os donos tiram-lhes tudo o que eles possuem e entram completamente nus nos navios e permanecem assim, a menos que os donos dos navios tenham a compaixão suficiente para lhes dar roupa para cobrirem aquilo que o pudor não permite que ande à mostra. Um navio chega a transportar seiscentos ou setecentos duma só vez.

---

[20] W. Bosman, *Voyage...*, pp. 96-97.

Por vezes, sentimos algumas dificuldades com os escravos dum certo país bastante afastado da costa, pois esses pobres inocentes imaginam que os compramos apenas para os engordar, no fito de conseguirmos boa carne ([21]).

> *O rei de Juda organizava batidas todos os anos ao interior do território, o que lhe permitia auferir grandes lucros neste comércio:*

O que se tem de pagar ao rei e às autoridades de Juda:

Antes de iniciar o comércio dos cativos, qualquer navio deve pagar:

|  | Libras |
|---|---|
| – Ao rei, 24 medidas de búzios ([22]), que pesam no total ....................................................... | 1080 |
| – Aos capitães e às autoridades ......................... | 225 |
| – Ao tanoeiro do rei, 2 mãos-cheias ................. | 5 |
| Total ................................................................ | 1310 |

E àquele que anuncia a licença para negociar, um pote de aguardente.

Depois disso, é-se obrigado a receber e marcar:

| | |
|---|---|
| – do rei ........................................................... | 3 cativos |
| – do capitão Carte ............................................ | 2 cativos |
| – do capitão Agou ............................................ | 2 cativos |
| – do capitão Assou ........................................... | 2 cativos |
| Total ................................................................ | 9 cativos |

Habitualmente, estes nove cativos todos juntos não valem nem um, pois são todos velhos ou velhas; mas é necessário ficar com eles e pagá-los por bons.

Depois de se marcarem esses nove cativos, há ainda a obrigação de dar um pote de aguardente àquele que anunciou que o comércio estava aberto. Chama-se a isso o direito de Gongon ([23]).

---

([21]) *Ibid.*, pp. 361 e 385-388.

([22]) Cauris ou búzios: conchas importadas do oceano Índico que os negros da África Ocidental usavam como moeda: um colar de 40 *cauris* formava uma *touca*; 5 *toucas* ou 200 *cauris* formavam uma galinha; 20 *galinhas* ou 4000 *cauris* formavam um *cabéche* (cf. P. Labat, *Voyage du chevalier des Marchais en Guinée en 1725-1727*, Paris 1730, t. II, p. 114).

([23]) P. Labat, Voyage *du chevalier des Marchais en Guinée en 1725-1727*, Paris, 1730, t. II, p. 114

Preço dos cativos

Quantidade de mercadoria dada por cada cativo ([24]).

| | | | |
|---|---|---|---|
| – Búzios ou cauris, peso de 180 libras............ | por | um | homem |
| – Aguardente local, 4 a 5 potes...................... | » | » | » |
| – Tecidos de linho, 40 a 50 peças ................. | » | » | » |
| – Pólvora de guerra, 300 libras ..................... | » | » | » |
| – Espingardas vulgares, 25 a 30 ..................... | » | » | » |
| – Barras de ferro compridas, 40 a 45 ........... | » | » | » |
| – Chitas de Pondichéry, 10 a 12..................... | » | » | » |
| – Guinés azuis | | | |
| 12........................................................ | » | » | » |
| 10........................................................ | por | uma | mulher |
| – Guinés brancas............................................. | | | |
| – Salampuris brancas....................................... | | | |
| – Salampuris azuis........................................... | | | |
| – Cachimbos da Holanda, compridos, 20 gro-sas................................................................. | por | um | homem |
| – Tapsels | | | |
| 16 peças .............................................. | » | » | » |
| 10 peças .............................................. | por | uma | mulher |
| – Nicanés ........................................................ | | | |
| – Bastas .......................................................... | | | |
| – Limíneas ...................................................... | | | |
| – Lenços de Pondichéry ................................. | | | |

*Este comércio rendível não estava isento de perigos, pois os negreiros por vezes tinham que enfrentar os motins que o desespero provocava:*

Estalou uma revolta de negros num navio holandês ancorado na baía de Juda. Foi pelas seis horas da tarde; eles apoderaram-se de várias armas, espingardas, pistolas, sabres e barras de ferro e de madeira. Lançaram-se sobre os brancos que estavam naquele navio; houve dois mortos e vários feridos; a revolta prolongou-se por hora e meia; mas, finalmente, os brancos dominaram a situação.

No dia seguinte de manhã, vários foram enforcados na ponta do mastro, onde permaneceram pendurados durante todo o dia, para servir de exemplo aos negros dos outros navios da baía.

Para evitar acidentes semelhantes, pusemos a maior parte dos nossos negros a ferros, e fizemos o mesmo às mulheres que nos pareceram mais

---

([24]) *Ibid.*, p. 115-116. Ver em Anexo o léxico dos tecidos comerciais.

audaciosas e perigosas; entre outras, várias das esposas do falecido rei de Juda, a quem chamávamos as rainhas; embora, graças à sua beleza, elas fossem as preferidas dos oficiais e dos marinheiros, cada um dos quais escolhera uma à qual dera o seu nome, foram também postas a ferros. Algumas morreram de desespero e de raiva ([25]).

> *Entre esses homens que não tinham nada a perder, eram numerosos os suicidas; esta doença do desespero era a «fantasia»:*

Quando aqueles animais se convencem da sua desgraça, sentam-se, põem o queixo entre os joelhos, tapam os ouvidos com as mãos e morrem assim, sem comer nem beber; se alguém os obriga a ingerir qualquer alimento, limitam-se a permanecer mais algum tempo nesse estado e acabam por morrer... ([26]).

... A menos que optem por meter a extremidade da língua na traqueia para ficarem sufocados ([27]).

> *O comércio de escravos não encorajou o progresso dos conhecimentos acerca dos povos da África; as descrições dos mercadores, exclusivamente preocupados com a captura de cargas humanas, não deixam transparecer qualquer preocupação etnográfica; os negros, para eles, não passavam de uma mercadoria... ou de uma moeda:*

Nesse país não é praticamente utilizada a moeda: mas, em vez dela, vende-se e compra-se com *macutas, birames,* peças da Índia ou *muleques.* As *macutas* são quatro palmos de tecido feito de palha, uma dezena dos quais vale cem reais. Os *birames* são peças de um tecido grosso de algodão feito nas Índias, cada um dos quais custa duzentos reais e mede cinco alnas. As peças da Índia ou *muleques* são jovens negros com cerca de vinte anos que valem vinte mil reais cada um...([28]).

...Os Aradas são os melhores escravos que existem no reino de Juda e de Ardres *[Aliada, no Daomé].* São trazidos de um país que fica a nordeste, a cem ou cento e cinquenta milhas de distância, aproximadamente. São bons, dóceis, fiéis, dedicados aos seus amos e com gosto

---

([25]) *Voyages aux Cdtes de Guinée et en Amérique,* Amesterdão, 1719, p. 73.
([26]) *Ibid.,* p. 74.
([27]) P. Labat, *Voyage du chevalier...,* II, p. 127.
([28]) P. A. de Gusttini e P. D. de Caril, *Voyage au royaume du Congo en 1666- -1667,* Lião, 1680, pp. 58-59.

pelo trabalho. Os homens, as mulheres e as crianças de mama são marcados com pequenas incisões nas faces. Os escravos dos grandes do seu país apresentam cortes em redor da testa.

### Os negros Feno

São maus, levados a sufocar-se a si próprios e a comer terra para se matar, inclinados à tristeza. Não gostam nada de trabalhar e quando são obrigados a isso, fazem o menos possível. São gulosos, preguiçosos e ladrões. Reconhecem-se pelas incisões que têm nas têmporas.

### Negros Mallais

Deu-se o nome de Mallais aos escravos que os Mallais [Muçulmanos] vão vender a Juda. Mas eles não são da nação dos Mallais, pois estes povos não se vendem uns aos outros; vêm de muito longe e alguns deles demoraram três meses a chegar à beira do mar. Estes negros são fortes, habituados ao trabalho e às maiores fadigas... ([29])

## A goma no Senegal

> No entanto, houve uma região onde o tráfico negreiro declinou rapidamente: o Senegal; os negros aí eram menos procurados e os mouros nómadas do deserto que ocupavam a margem direita do rio não eram vendidos.
> O que não significa que o Senegal não exportasse ouro, à semelhança do resto da África, e não alimentasse um pequeno comércio de escravos:

Os senhores da Companhia têm, na ilha de São Luís [São Luís do Senegal], as suas lojas, um comandante e mercadores. É para aí que os negros levam couros, marfim, cativos e por vezes âmbar pardo; a goma arábica vem dos Mouros.

Em troca, dá-se a esses negros pano, algodão, cobre, estanho, ferro, aguardente e algumas bagatelas de vidro. O lucro desse comércio ronda os 800 %: muitas vezes, adquire-se um bom escravo por quatro ou cinco potes de aguardente; assim, a despesa com a compra é menor do que com o transporte ([30]).

---

([29]) P. Labat, Voyage du chevalier..., pp. 124-130 (extractos).
([30]) Sieur Le Maire, Voyages... au Sénégal, Gambie, Paris, 1695, pp. 72-73.

*Mas o Senegal dispunha de uma riqueza desconhecida no golfo de Benim, onde a única fonte de riqueza continuava a ser o homem: a goma arábica.*

A árvore que a produz, tanto na África como na Arábia, é uma espécie de acácia, uma árvore pequena, espinhosa, com muitos ramos e cheia de folhas curtas, estreitas, rudes e sempre verdes. Entre a costa setentrional do Níger e o Forte de Arguim, existem três florestas dessas árvores de goma: a primeira chama-se Sahel, a segunda, que é a maior, Lebiar e a terceira Afatack. Estas três florestas estão quase à mesma distância de uma escala do rio Senegal chamada *O Deserto*, que fica apenas a trinta léguas do Forte Luís.

*A goma fez a fortuna dos comerciantes franceses instalados na foz do Senegal, pois era indispensável à farmacopeia e, sobretudo, à indústria têxtil da Europa:*

Os médicos pretendem que a goma é peitoral, humidificante, anódina, refrescante; que torna mais espessos os aromas demasiado fluidos e, ao dar-lhes maior consistência, impede que eles se misturem com o sangue e o contaminem. Dizem que ela cura as constipações, depois de tratadas com suco de cevada ou de alcaçuz. Pensa-se ainda que ela acaba com o fluxo de sangue e com as disenterias *[sic]*, e até com as hemorragias mais obstinadas.

Há muitos operários que a utilizam e que a consomem em grandes quantidades, sobretudo os que trabalham em tecidos de lã e de seda, em tafetás, em fitas, em linhagens e numa infinidade de outras tarefas. Os tintureiros usam-na muito, sobretudo aquela a que eles chamam vermiculeia, isto é, aquela que se entortou ao cair da árvore, ficando semelhante a um verme.

Entre outras qualidades, a goma é ainda útil aos negros que habitam perto do Níger *[Senegal]*, nos lugares onde ela existe, e aos Mouros que a levam como único alimento para as suas viagens; comem-na com prazer e trincam-na como se se tratasse de açúcar, ou então amolecem-na na água e engolem-na, o que os satisfaz perfeitamente ([31]).

*Os produtores de goma eram os Mouros, população original desconhecida do resto da África Ocidental:*

---

([31]) P. Labat, *Relation de l'Afrique occidentale*, t. I, pp. 234, 250 (extractos).

Os Mouros que colhem a goma e a transportam para mais de cem léguas são de três espécies: os Sargantas *[tribos dos Trarza]*, os Dermantas *[os «Darmak», tribo marabutica, Idao el Hadj]* e os Árabes *[os Oulad--Beiri]* de Argum. Eles também matam tigres, onças e avestruzes, cujas peles e penas vendem; abrigam-se em tendas feitas de um tecido grosso de pêlo de camelo, sustentadas por duas varas compridas que compram aos brancos; durante os meses de estiagem, aproximam-se do rio por causa das pastagens, retirando-se durante a estação das chuvas para a borda do mar e plantam milho para se alimentarem ([32]).

... Quando chega a altura de negociar, vêem-se chegar caravanas de dez, vinte ou trinta camelos ou bois de carga, que transportam a goma em sacos de couro de boi sem costuras; é um prazer vê-los aproximar--se: são parecidos com os selvagens, têm os cabelos eriçados e a maior parte deles apenas usa uma pele de cabra a cobrir-lhes o traseiro. As mulheres são escuras e vestem-se de tecido negro: trazem na cabeça uma espécie de coroa e pintam as faces e as unhas de vermelhão; as raparigas usam saias feitas de tranças de pele da largura de um dedo confeccionadas pelas mães e quando se mexem vêem-se as coxas através dos buracos; os cabelos erguem-se numa popa à frente e atrás andam presos numa trança que lhes chega à cintura, o que não sucede com as negras que usam o delas muito curto, parecendo lã, e apresentam-se tão carregadas de pintura como as mães ([33]).

> *O comércio na costa a norte do Senegal era activo, o mesmo sucedendo ao longo do rio e nos postos ou «escalas» onde comerciantes e mouros se encontravam todos os anos na época das colheitas:*

A primeira colheita, no mês de Dezembro, é a mais abundante, e diz--se que as bolas nessa altura são maiores, mais limpas e mais secas: tudo o que de melhor se pode desejar de um tal produto. A segunda faz-se no mês de Março e é a menor; a experiência demonstrou que a goma desta colheita é mais mole, menos limpa e menos clara.

Não se pesa a goma, antes a metem numa medida cúbica chamada quantar ou quintal, cujo tamanho foi previamente combinado com os Mouros, e cuja capacidade os europeus procuram aumentar sempre que podem ([34]).

---

([33]) La Courbe, *Voyage fait à la Côte d'Afrique en 1685*, publ. por P. Cubra, Paris, 1913, pp. 146-147.

([34]) La Courbe, *Voyage...*, p. 151.

([35]) P. Labat, *Relation...*, I, pp. 238-240.

*Efectivamente, roubar era de regra:*

Antes de começar a época do comércio da goma, passámos dois ou três dias a viciar o quintal... Mahagne, o intérprete mouro, veio ter comigo e disse-me que era costume de todos os comerciantes que até então tinham ido ali comprar goma, entender-se com ele para enganar Chamchy, o chefe dos Mouros; roubavam-lhe a percentagem que lhe era devida, medindo mal os quintais; o lucro dessa operação era dividido entre ele e os comerciantes e, em paga disto, ele deixava-os comprar às escondidas o ouro e o âmbar pardo que trazia para vender ([35]).

*No entanto, à semelhança do que sucedeu em toda a África, a moeda não intervinha neste comércio de troca:*

Preço de 1000 quantares mouros de goma
(700 000 libras; peso de marco ou de Paris)

|  | Libras |
|---|---|
| – 1000 peças de tecido azul chamado Blaenkaton de 25 alnas de Holanda ou 12 alnas 1/3 de França, cada uma das quais custava 17 florins, o que equivalia a 21 libras e 5 soldos em moeda de França | 21 250 |
| – Mais 500 dúzias de espelhos com moldura de latão, seis dúzias por quantar, a sete soldos por dúzia | 175 |
| – Mais 500 dúzias de pentes de madeira, a 6 soldos a dúzia | 150 |
| – Mais 2000 cadeados, a 5 soldos a peça | 500 |
| – Mais 2000 facas flamengas, a 5 soldos a peça | 500 |
| Total | 22 575 ([36]) |

---

([35]) La Courbe, *Voyage fait...*, pp. 150-151.
([36]) P. Labat, *Relation..., ibid.*

# Os conhecimentos

## O Senegal

*Os conhecimentos dos europeus acerca da África, intimamente ligados ao comércio, eram muito limitados, tanto mais que as tribos intermediárias da costa, receando perder o seu monopólio, impediam o acesso ao interior.*

*Uma das primeiras explorações foi, sem dúvida, a de Chambonneau, que subiu o Senegal até às quedas de água do Felu:*

Em 1686, consegui avançar oitenta léguas para além do país do rei Siratik, onde encontrei um rei chamado Tonza Maza num país denominado Galam; uma vez que ele me recebeu bem, no ano seguinte enviei lá dois barcos que apenas passaram vinte e cinco léguas para além do ponto onde eu tinha chegado, pois foram disso impedidos pelos rochedos que atravessam o rio de um lado ao outro e provocam uma queda de água que julgamos estar afastada pelo menos trezentas léguas de qualquer lugar habitado.

Nunca um branco ou um navio chegara tão longe ([37]).

*Assinalemos, igualmente, a acção do governador André Brue, que regressou a Galam e conseguiu que os Fulas o deixassem estabelecer feitorias, as viagens de Compagnon até ao Falémé, e a exploração de Duliron que, em 1747, conseguiu chegar ao ouro do Bambuque.*

*Quanto à Gâmbia, era um local onde os Ingleses vinham comprar ouro, subindo o curso do rio; um deles, Jobson, encontrou aí, em 1620, os Fulas ou «Fulbias», pastores nómadas muito pobres, parecidos, na opinião dele, com os Egípcios ([38]), intimamente dependentes dos negros Maudengos [Mandingas], que lhes proibiam o comércio com os brancos ou que matassem sem autorização os bois, da maior parte dos quais se apoderavam ([39]).*

---

([37]) Sieur Chambonneau, *Relation de voyage...* 1668, Arq. Col., Corr. Gen. C.ª Senegal, I, 1588-1689, pub. por H. Froidevaux, *Revue Africaine*, Paris, 1898.

([38]) Há que recordar aqui as numerosas hipóteses que consideravam as migrações Fulbé como tendo origem no N. E. da África. Os Fulas iriam conquistar em 1725 o Futa Djalon, que transformaram num poderoso Estado islâmico e guerreiro.

*Se pusermos de parte estas raras incursões ao interior do território, podemos afirmar que os europeus só conheciam a faixa litoral da Senegâmbia.*

## A barra

*Esta nem sequer era sempre acessível, pois a barra fazia sentir os seus efeitos:*

... Dá-se o nome de barra ao resultado produzido por várias ondas que, ao passarem sobre um baixio, aumentam de tamanho e se erguem numa cortina de água de dez a doze pés de altura, quebrando em seguida. Ainda a primeira onda não fez o seu efeito, quando surge a segunda e logo a terceira. Elas começam a aparecer a cem ou cento e cinquenta toesas da costa e são tão perigosas para os navios grandes como para os pequenos. Um barco a remos corre o risco de ser submerso e o navio grande fica feito em bocados ([40]).

*Os costumes exigiam que os navios, depois de lançarem a âncora em frente da barra, esperassem que um negro viesse «conversar» e saber notícias:*

O negro que costumava encarregar-se daquela missão lançou-se à água atravessando as ondas que, naquela altura, quebravam ainda mais furiosamente do que era habitual, porque as marés eram muito fortes; conseguiu vencê-las a todas, deixando-se transportar na crista dumas e furando por baixo de outras, que pareciam ir submergi-lo definitivamente; felizmente, conseguiu chegar a terra com os embrulhos que transportava. Nem sempre é o mar o pior inimigo nesta passagem: há, naquela barra, tubarões tão grandes e terríveis que por vezes o nadador perece. Foi, sem dúvida, um acidente semelhante que esteve na origem do desaparecimento de um negro do qual nunca mais se ouviu falar ([41]).

---

([39])   M. Adanson, *Histoire Naturelle du Sénégal*, Paris, 1757, pp. 16-18.
([40]) R. Jobson, *The Golden Trade...*, Londres, 1623, reeditado por Teignomouth, 1904, pp. 42-47.
([41])   M. Adanson, *Histoire Naturelle...*, p. 134.

## A vida quotidiana na aldeia

*No entanto, a vida quotidiana na aldeia foi descrita por alguns viajantes curiosos ou preocupados com a observação científica.*

*A ilha São Luís do Senegal.*

Apesar da sua esterilidade, esta ilha era habitada por mais de três mil negros, atraídos pelas melhorias trazidas pelos brancos.

Construíram aí as suas casas, ou melhor, as suas cabanas, que ocupam mais de metade do terreno. Assemelham-se a pombais; as paredes são feitas de canas muito juntas umas das outras e assentam em estacas espetadas no chão. Estas estacas ou mastros têm uma altura de cinco ou seis pés e sustentam uma cobertura redonda de palha, da mesma altura, que acaba em ponta. A única abertura consiste numa porta quadrada, muito baixa, com uma soleira da altura de um pé acima do solo; de forma que, para entrar, é-se obrigado a inclinar o corpo e a erguer a perna ao mesmo tempo, o que dá origem a uma atitude tão ridícula como incómoda. Por vezes, uma ou duas camas bastam para uma família inteira se deitar: essas camas consistem numa grade de canas assente em travessas apoiadas em pequenas forquilhas, que se erguem um pé acima do chão. Uma rede que eles costumam estender por cima faz as vezes de enxergão, de colchão e, habitualmente, de lençol e de coberta; os móveis resumem-se a alguns potes de barro chamados *canaris*, a cabaças, a gamelas e a outros utensílios semelhantes ([42]).

*O fabrico do óleo de palma:*

O óleo faz-se com a *corosse* que é uma espécie de fruto da palmeira, do tamanho de uma ameixa, semelhante às tâmaras, mas avermelhado.

Junta-se uma certa porção de *corosses* de forma a apodrecerem todas juntas. Em seguida, quando elas atingem um certo estado, metem-nas num almofariz de madeira que consiste, mais exactamente, numa dorna feita do maior tronco de árvore que foram capazes de encontrar. Depois disto, os interessados pegam num pau e começam a moer, ou antes, a remexer esta *corosse*, que se parte facilmente porque está podre. Em seguida, vertem para cima dele uma certa quantidade de água quente,

---

([42]) *Ibid.*, pp. 19.20.

mexendo sem cessar. Feito isto, inclinam um pouco este almofariz, separam os caroços e os fios e metem o óleo, que surge límpido e puro, em grandes potes, indo depois vendê-lo ao mercado ([43]).

## Religião e vida social

> *Os cristãos estavam atentos, sobretudo, ao Islão que, devido à sólida implantação que alcançara no Senegal, opunha uma resistência teimosa à acção missionária.*

Os negros, desde o Senegal até à Gâmbia, afirmam ser maometanos, fazem as suas orações a que chamam salá e respeitam o Ramadão ou Quaresma como os Turcos, não comem carne de porco e têm várias mulheres, pois acreditam que a poligamia é uma coisa lícita. Entre eles, há alguns que bebem vinho. Estes quase não observam as regras da seita; na realidade, só os marabus o fazem com rigor ([44]).

> *Certas festas e costumes especiais atraíram a atenção dos visitantes.*

*A circuncisão:*

Esta cerimónia parece mais ligada aos costumes que à religião. A idade das crianças não é fixa, pode variar entre os dez e os dezassete ou dezoito anos, conforme a capacidade que tiverem para suportar a dor. Todas as crianças a circuncidar se reúnem à tarde na praça pública da aldeia, ataviadas com uma grande quantidade de amuletos e os mais belos trajes que possuem; passam a noite a cantar e a dançar ao som dos tambores, sem descansar nem por um momento. No dia seguinte, às nove ou dez horas da manhã, saem da aldeia, onde o homem mais importante dos que ali estavam reunidos as agarra uma a uma e as obriga a sentar no chão; em seguida, estende-lhe a parte sobre um bocado de madeira e corta-lhe o prepúcio, que os pais queimam e enterram porque, dizem eles, alguém mal intencionado podia usá-lo para fazer um sortilégio contra a criança. E os mancebos, em vez de

---

([43]) G. Loyer, *Relation du Voyage au Royaume d'Issigny*, Paris, 1714, pp. 172--175.

([44]) Padre F. J. B. Gaby, *Relation de la Nigritie...*, Paris, 1689, pp. 39-40.

gritarem de dor, começam logo a saltar e a dançar ao som dos tambores e fazem caretas àqueles que os circuncidaram, para testemunhar a sua coragem: o que dá muita alegria aos pais que assistem àquilo.

## O *casamento*

Quando um rapaz pede uma rapariga em casamento, dirige-se ao chefe da família e combina com este a oferta que tem de fazer para desposar a rapariga: pode-se dizer que o rapaz compra a rapariga, e os pais nada dão aos filhos pelo casamento. E uma vez terminadas as convenções matrimoniais, a rapariga dirige-se para a cubata do futuro marido; passa a viver aí com ele; e após alguns dias de coabitação, se os humores de ambos se harmonizam, mandam publicar os banhos; caso contrário, a rapariga regressa a casa do pai, e espera que outro se apresente: nem por isso passa a ser menos estimada, pois é costume as raparigas divertirem-se e pertencerem a todos.

## A *dança*

As raparigas entram na praça em grupos de duas ou três, envergando as suas mais belas roupas; e começam logo a dançar duma forma violenta, erguendo os braços e baixando os ombros, remexendo os maxilares e os lábios, sorrindo, abrindo e fechando os olhos até chegarem junto dos músicos, que redobram de energia à medida que elas se aproximam, acrescentando à sinfonia ruídos de garganta que excitam as raparigas e as fazem dançar com mais agilidade. Os músicos, ao verem que elas começam a aquecer regressam ao primeiro tom para as obrigar a parar. Mas como é justo que cada um viva do seu ofício, uma vez terminada a dança, querem ser pagos: assim, cada uma delas dá-lhes um colar de contas de Veneza.

## Os *griots* (*)

Gostam tanto de louvores que entre eles há alguns, aos quais se dá o nome de *griots*, cujo ofício é precisamente fazê-los. Os *griots* possuem uma espécie de tambores com o comprimento de quatro ou cinco pés, feitos dum tronco de árvore oco, em que batem com as mãos ou com

---

(*) Homens pertencentes a uma casa especial; eram simultaneamente poetas, músicos e transmissores da tradição oral *(N. da T.)*

um pau. Também usam tambores mouriscos, atravessados por cordas que tangem com uma das mãos, enquanto na outra seguram um pau com que lhes batem.

Outro instrumento consiste num conjunto de diversas cabaças de tamanhos diferentes, suspensas por baixo de teclas dispostas como as da espineta. Outro ainda é uma espécie de alaúde feito de um pedaço de madeira oco, coberto de couro, com duas ou três cordas de crina. Possui um teclado de pequenas placas de pedra e é enfeitado com guizos como um tambor basco.

Os *griots* afinam estes diversos instrumentos ao som das suas vozes pouco harmoniosas e cantam também louvores às pessoas importantes [45].

## A costa dos Grãos

*Desde o Senegal até à costa do Ouro apenas se praticava a troca ao largo num litoral hostil: o país continuava a ser desconhecido.*

A terra é baixa, fértil e atravessada por muitos ribeiros e rios e coberta de florestas tão densas que, por negligência dos que nela habitam, só se pode entrar nas aldeias em fila indiana; por outro lado, isto serve-lhes de meio defensivo, e protege-os das incursões dos que apenas se deslocam a esses lugares para capturar escravos.

Esta terra, graças à sua frescura, produz grande quantidade de víveres, tais como bananas, figos-bananas, a que os Espanhóis chamam maçãs de Adão, inhames, batatas, arroz, mel de várias qualidades, milho a que chamamos em França trigo da Turquia, *corosse*, ananás, ervilhas de várias espécies, excelentes para comer, uma espécie de limões, etc...

Mas, ao mesmo tempo, estes lugares aquáticos tornam o país impraticável para os brancos, que não poderiam viver ali muito tempo por causa da insalubridade das exalações daquela terra, que, durante a maior parte do ano, está embebida em água [46].

## A costa dos Dentes

Os povos que habitam esta terra até Issyny *[Assínia, na costa do Marfim]* são os mais ferozes de todos os negros. Até hoje ninguém conseguiu capturá-los, e a língua que falam é das mais difíceis. Têm a

---

[45] Sieur Le Maire, *Voyage aux Iles...*, pp. 128-129.
[46] G. Loyer, *Relation...*, pp. 82-83.

143

boca dum vermelho escarlate, quer isto suceda de forma natural ou à custa de artifícios. Limam os dentes para os tornarem pontiagudos, o que entre eles constitui um enfeite. São antropófagos e comem todos os brancos que conseguem apanhar, fazendo o mesmo aos próprios vizinhos quando lhes declaram guerra.

A costa é de difícil acesso por causa dos grandes recifes e só muito raramente os navegadores lá chegam. Mas se a necessidade obriga alguém a deslocar-se ali, ou se se pretende negociar com eles, as precauções são indispensáveis e é preciso ir-se bem armado e em grande número: os funestos acidentes sofridos por brancos nestas terras justificam o receio que elas despertam.

Como não é possível penetrar no território, ignora-se a sua extensão e desconhece-se a forma do governo e da religião aí existentes ([47]).

> *A partir do século XVII formaram-se, ao longo da costa do Marfim e da costa do Ouro, uma série de pequenos reinos negros cujos soberanos enriqueceram à custa do tráfico de escravos: a pacotilha dos negreiros exercia um fascínio inesgotável sobre esses autocratas guerreiros, cuja principal ocupação eram as razias de escravos.*

## O reino da Assínia

A sala de audiência é uma espécie de pequeno celeiro, feito de canas, e coberto de folhas de palmeira. Não é enfeitada, nem mobilada, nem pavimentada. O trono deste rei é uma cama que ele comprou com esse fim aos ingleses, assente em quatro pequenas colunas torcidas e enegrecido para parecer ébano. Este leito, que não tem baldaquim nem fundo nem cortinas, está instalado numa extremidade desta sala e foi armado ao deus-dará, com a ajuda de algumas tábuas de má qualidade e tem a cobri-lo três ou quatro peles de tigre.

O rei estava sentado no meio daquele leito, com os pés no chão e um cachimbo do comprimento duma braça na boca. Apresentava-se nu, à excepção duma tanga de algodão às riscas azuis e brancas. Tinha um chapéu preto bordado a prata com uma pluma branca, à francesa, e a barba cinzenta dividida em vinte tranças enfeitadas com sessenta contas (*) .

---

([47]) *Ibid.*, pp. 97-99.

(*) De pedra azul, em forma de tubo, cuja origem se desconhece.

Atrás dele sentavam-se as duas esposas favoritas, cada uma das quais trazia aos ombros um grande sabre de punho de ouro, donde pendia a escultura dum crânio de ovelha em ouro, de tamanho natural ou ainda maior. Sobre a pele, havia uma grande concha do mesmo material e em volta dela uma centena de dentes de tigre.

Estas duas mulheres estavam enfeitadas com grandes colares e pulseiras de ouro, e grandes placas de ouro em forma de tetas presas numa cadeia que traziam ao pescoço. Tinham entrançados no cabelo vários enfeites de ouro mas, tal como as outras, apenas usavam uma tanga de algodão a cingir os rins.

Atrás destas duas, havia mais seis; cada uma delas segurava um objecto de uso do rei: uma limitava-se a ter o cachimbo na mão, a outra o copo, a outra uma garrafa de aguardente, de que ele é grande apreciador.

Aos pés do trono, de ambos os lados, estavam postados homens armados de sabres, ricamente enfeitados com grandes placas e colares de ouro, e com uma azagaia guarnecida de ouro na mão. Todos os *capcheres [ministros]* do reino se sentavam em fila no chão, ou então em pequenos tamboretes ([48]).

## O reino de Benim

*O primeiro e o mais vasto destes Estados negros fora o reino ioruba de Benim, que depois entrara em decadência, mas cujos ritos bárbaros, que, sem dúvida, transmitiu ao Daomé, continuavam a ser evocados.*

Quando o rei morre, escava-se um sepulcro no palácio, tão fundo que os trabalhadores acabam por cair à água, morrendo afogados. Quando chega a altura de lançar o corpo nessa cova, todos os favoritos e servidores do príncipe defunto se apresentam e se oferecem para acompanhar o seu senhor e servi-lo no outro mundo. Quando estes fiéis cortesãos descem para o túmulo, a abertura é tapada com uma laje e há pessoas que ficam a velar noite e dia. Quatro ou cinco dias depois, toda aquela pobre gente está morta e quando já não se ouve nenhuma voz a responder quando se fala lá para dentro, informam do facto o herdeiro da coroa, que manda acender uma grande fogueira sobre o túmulo, onde se assa carne que depois será distribuída pelo povo. Juntamente com o rei morto vão a enterrar as suas roupas, móveis e as conchas das Índias *[cauris]*.

---

([48]) G. Loyer, *Relation...*, pp. 112-115.

O novo rei institui festas anuais em honra do seu predecessor, celebradas através de sacrifícios de várias centenas de animais e de quatrocentos ou quinhentos homens. Matam-se vinte e três por dia, quase todos criminosos condenados à morte que estão reservados para esta solenidade (⁴⁹).

## O Daomé

*No princípio do século XVIII, Benim foi suplantado por Oyo (na Nigéria Ocidental) e depois por Allada e Abomé (cidades Fon do Daomé interior), cujo poderio aumentou quando o rei do Daomé a escolheu para capital e conquistou o rico porto de Uidá, o que lhe permitiu beneficiar directamente com o tráfico de escravos sem ter que suportar as tribos intermediárias: tal comércio garantiu a prosperidade do Daomé que, em troca dos seus escravos, importou, desde o século XVIII, uma quantidade sempre crescente de armas, pólvora e álcool, instrumentos do seu poder.*
*Snelgrave, traficante inglês, foi um dos primeiros a ousar penetrar no território, desempenhando a missão de embaixador junto do rei, em 1727; depois da conquista de Uidá, assistiu aos sangrentos e célebres «costumes» que iriam impressionar tão fortemente a imaginação dos seus contemporâneos.*

Partimos de Jaquin *[Godomey, na costa].* A população da cidade seguiu-nos até à margem do rio, fazendo incessantes preces para que chegássemos incólumes e tivéssemos sucesso na viagem; efectivamente, preocupavam-se connosco, uma vez que íamos visitar um povo tão cruel.
A região que atravessámos pareceu-nos muito bonita e agradável e achámos que os caminhos eram bons; mas as marcas da desolação trazidas pela guerra eram visíveis por toda a parte...

## O campo de Allada

...O exército estava alojado em tendas que, segundo o costume dos negros, eram feitas de pequenos ramos de árvores e cobertas de colmo, assemelhando-se às nossas colmeias...
As tropas marchavam numa ordem mais perfeita do que todas as que vira até então, mesmo as dos negros da costa do Ouro, que os europeus

---

(⁴⁹) O. Dapper, *Description de l'Afrique...*, 1668, trad. Amesterdão, 1686, pp. 110-112.

que conheciam a costa da Guiné sempre consideraram como os melhores soldados de todos. Esse exército consistia em 3000 homens de tropas regulares, seguidos de uma turba de 10 000 pessoas que transportavam a bagagem, as provisões, as cabeças dos mortos, etc... Estavam todos armados de mosquetes, de sabres e de escudos. Este espectáculo não nos pareceu indigno da nossa atenção, por muito europeus que fôssemos.

## O rei Agadja

Era príncipe de fraca estatura, gordo e, tanto quanto pude avaliar, com cerca de quarenta anos. Embora o seu rosto apresentasse marcas de bexigas, era atraente e até majestoso. Não detectei nele nada que traísse o bárbaro, excepto aquele costume de sacrificar os inimigos: mas explicaram-me que isso podia ter razões políticas e que ele nunca comera carne humana.

Prostrados no chão, em sinal de respeito pelo rei, encontravam-se muitos dos personagens mais importantes da corte e do exército; nenhum se podia chegar a menos de vinte pés do trono. Quando desejavam falar com Sua Majestade, começavam por beijar a terra; e, em seguida, segredavam ao ouvido duma velha que repetia as palavras ao rei e trazia a resposta deste.

À porta da tenda do rei, perfilavam-se quarenta homens bem constituídos e com um ar determinado, em fila, com espingardas ao ombro e grandes espadas na mão. Em volta do pescoço, tinham colares de dentes de mortos que lhes chegavam à cintura pela frente e por trás, em tal quantidade que bastariam para fornecer todos os cirurgiões e barbeiros da Europa; disseram-me que eram os heróis ou os bravos do rei, que tinham morto com as suas próprias mãos a maior parte dos seus inimigos; mas não podiam enfiar um dente no colar sem demonstrar, de forma convincente, na presença dos seus oficiais, que aquele dente pertencia a um inimigo morto numa batalha [50].

*Menos de meio século mais tarde, outro negreiro britânico, Norris, que se deslocara à corte de Abomé para explorar a atracção que Tegbessu, sucessor de Agadja, tinha pela pacotilha europeia, não ficou menos impressionado com o esplendor do culto prestado ao soberano:*

---

[50] W. Snelgrave, *A full account of some parts of Guinea...*, 1733, trad. Amesterdão, 1785, pp. 29, 90-91, 87-88, 45, 50-52.

Preparei-me para a visita do rei, mandando desembrulhar uma bela liteira e um órgão portátil que mandara vir de Juda: enviei esses dois objectos ao palácio do rei...

...Ao chegar diante do rei, expliquei-lhe a maneira de utilizar a liteira, que disse ser mais cómoda que aquela espécie de padiola de que ele se servia habitualmente. Nessa altura, ele mandou chamar meia dúzia de servos encarregados de o transportar, que se aproximaram caminhando a quatro; em obediência aos desejos do rei, entrei na liteira, ensinei-lhes como deviam proceder e eles foram experimentando um a um. Nessa altura, o rei manifestou a vontade de passear também na liteira e deu várias voltas à corte, no meio dos gritos e das aclamações dos ministros e das suas esposas. O coche era muito elegante: tinha assentos de marroquim vermelho e estava forrado de seda branca. Ele ficou encantado e divertiu-se muito a abrir e a fechar as cortinas, que lhe pareceram uma invenção muito engenhosa; finalmente, no meio de grande euforia, mandou vir eunucos para substituir os homens que transportavam a padiola; a porta que dava para os seus aposentos foi aberta e ele mandou que o levassem até junto das suas mulheres, para que elas vissem o belo presente que acabava de receber.

...O rei sentou-se no meio dos gritos e das aclamações do povo, debaixo da tenda, numa cadeira de braços muito bonita, coberta de veludo carmesim, e enfeitada com esculturas e dourados.

Vi desfilar uma guarda de cento e vinte homens armados de grandes mosquetes e marchando aos pares; seguiam-se quinze filhas do rei, muito belas, acompanhadas de cinquenta escravas; depois delas, vinham, em ordem regular, umas atrás das outras, setecentas e trinta das suas esposas, transportando provisões e licores para um festim que iria realizar-se na praça do mercado. Eram seguidas duma escolta de oitenta mulheres armadas, batendo em tambores. Nessa altura, foi posta uma mesa onde almocei enquanto a procissão continuava a passar. Vi aparecer seis batalhões de setenta mulheres cada um, à cabeça dos quais marchava, abrigada por um guarda-sol, uma favorita: impediram-me de a ver tapando-a com o guarda-sol e uma espécie de grandes escudos de couro, cobertos de seda vermelha e azul. Todas aquelas mulheres divertiam o rei com as suas canções e danças, à medida que passavam. Nunca esperei ver tamanha variedade e tão grande profusão de tecidos de seda, de pulseiras de prata, de jóias e corais, de colares valiosos e de enfeites ricos ([51]).

---

([51]) R. Norris, *Memoirs of the reign of Bossa-Abadce: with an account of a journey to Abomey in 1772*, trad. Paris, 1790, pp. 106-109 e 120-121.

## A festa tradicional

*Elas fizeram a grandeza sangrenta do reino desde o início do século XVIII até ao fim do século XIX:*

Afastámo-nos um quarto de milha do campo; aí encontrámos uma quantidade prodigiosa de pessoas reunidas; mas os guardas que nos acompanhavam abriram caminho através da multidão até chegarmos junto de quatro pequenos cadafalsos erguidos cinco pés acima do chão. A primeira vítima era um belo ancião com uns cinquenta ou sessenta anos de idade. Tinha as mãos atadas atrás das costas. Estava de pé e um imolador colocou-lhe a mão sobre a cabeça, pronunciando algumas palavras de consagração. Em seguida, fez sinal a um homem que se encontrava por trás da vítima com um grande sabre desembainhado na mão, para que procedesse à execução. Este feriu-o em primeiro lugar na nuca, com tal força que dum só golpe separou a cabeça do corpo, o que arrancou gritos de admiração à assistência. A cabeça foi lançada para cima do cadafalso; e o corpo, depois de permanecer algum tempo no chão, para que o sangue escorresse todo, foi levado pelos escravos que o deixaram num lugar próximo do campo. O intérprete disse-nos que a cabeça da vítima era para o rei, o sangue para o seu feitiço ou para o seu deus e o corpo para a multidão...

Vimos dois grandes recipientes onde haviam sido amontoadas muitas cabeças de mortos: o nosso intérprete disse-nos que se tratava das cabeças de quatro mil habitantes de Juda sacrificados aos deuses dos naturais do Daomé, em sinal de reconhecimento pelas conquistas que acabavam de fazer ([52]).

...No último dia das festas tradicionais, arma-se um grande teatro junto duma das portas do palácio; enfeitam-no com bandeiras e guarda--sóis e rodeiam-no com uma cerca de espinheiro para afastar a populaça; juntam-se nesse anfiteatro grande quantidade de mercadorias e de objectos da Europa, da Índia, de belos tecidos de algodão fabricados no país de Oyo e um grande monte de cauris. Depois o rei desloca-se a esse anfiteatro acompanhado dos governadores ou dos capitães de navio que se encontrarem no país: dá a escolher a cada um deles os presentes que desejar e em seguida distribui cauris pelo povo com as suas próprias mãos. Finalmente, e uma vez que todos os espectáculos deles encerram uma parte de crueldade, lançam do alto do

---

([52]) W. Snelgrave, *Full Account...*, p. 50.

anfiteatro um homem com os pés e as mãos atados, um crocodilo açaimado e um casal de pombos com as asas partidas. Nessa altura, gera-se uma confusão ainda maior do que a que existia anteriormente, porque todos se esforçam por espreitar as vítimas, o que diverte muito o rei. É este o último sacrifício das festas tradicionais ([53]).

## O Gabão

*Os Estados negros a sul do golfo do Benim continuavam a ser pouco conhecidos: os brancos receavam a anarquia das tribos, rebeldes a qualquer organização política centralizada, cujos chefes, ao contrário dos das cidades-estado fon ou ioruba, não eram capazes de impor a sua autoridade nem de desempenhar o papel de interlocutores válidos.*

A falta de respeito que têm uns pelos outros fez-me pensar que o governo deles deixava muito a desejar e posso dizer que cada um vive para si, sem se preocupar com reis nem com príncipes, e que esses senhores apenas possuem os títulos e são destituídos de qualquer espécie de autoridade.

O rei actual toma conta da sua família como qualquer homem honesto e trabalha para ganhar a vida como ferreiro. Por outro lado, não despreza os lucros extraordinários que consegue cedendo as suas esposas aos europeus enquanto estes permanecem naquele território, por um preço muito baixo. De resto, é tão importante como qualquer dos seus súbditos.

...Estes miseráveis usam chapéus, perucas e fatos muito grotescos: dantes, traficava-se muito aqui com perucas velhas em troca das quais se podia obter tudo o que se desejava daquela gente, tal como cera, mel, papagaios, macacos e grande variedade de bebidas. Mas apareceram tantos mercadores de há três ou quatro anos para cá, que o mais insignificante marujo juraria que não existe a menor hipótese de auferir qualquer lucro, mesmo que as perucas lhe custem uma insignificância.

...Estes desgraçados passarão todo um dia para nos vender um dente de elefante; partem cinco ou seis vezes e voltam atrás outras tantas, discutem como se estivessem no mercado do peixe e não conseguem levar a deles avante ([54]).

---

([53]) O homem levava a palavra do rei para o além, para o mundo dos seus antepassados mortos, o crocodilo para o mundo das águas e os pombos para o mundo dos ares; por vezes, sacrificavam ainda uma gazela ou um macaco, destinado ao mundo das florestas.

([54]) W. Bosman, *Voyage...*, pp. 431-433.

## O Congo

*O Congo permanecera, desde as grandes descobertas, um feudo dos Portugueses. Mas este antigo reino cristão decaíra muitíssimo:*

Em todo o reino, se exceptuarmos São Salvador *[em Angola]* (*), apenas existem seis franciscanos que têm grande dificuldade em se conservarem de saúde e quando morre algum, o que sucede com frequência, é muito difícil arranjar-lhe substituto ([55]).

*O clima particularmente insalubre não encorajou nada as tentativas de penetração europeia:*

Quando vemos os brancos que habitam aquele país, apercebemo--nos de como o clima lhes é adverso. Têm uma cor de mortos desenterrados, falam a meia voz e como que retêm a respiração entre dentes. Muitas vezes, o tribunal de Lisboa, quando deseja punir um criminoso por alguma acção nefasta, relega-o para Angola e para Benguela, pois considera essa região como a mais insalubre de todos os domínios portugueses. Por isso os brancos que aí encontramos são os mais perigosos e os piores celerados de todos os homens ([56]).

*São Paulo de Loanda continuava a ser um caso excepcional: capital das possessões portuguesas, situada na rota do Brasil, era, naquela época, o único exemplo, em África, de um núcleo de povoamento europeu onde se esboçava, à semelhança da América, um ritmo de vida colonial:*

A cidade de Loanda é bastante bonita e grande. As casas dos brancos são construídas em pedra e cal e cobertas de telhas. As dos negros são de terra ou de palha. Há aproximadamente três mil brancos e uma prodigiosa quantidade de negros cujo número se desconhece. Servem de escravos aos brancos, alguns dos quais possuem cinquenta, cem, duzentos ou trezentos, havendo até quem tenha três mil.
Os brancos, ao deslocarem-se na cidade, são seguidos por negros que transportam uma espécie de padiola de rede, que é o meio de

---

(*) Mais precisamente a capital do reino do Congo *(N. da T.)*.
([55]) P. A. de Guattini, *Viaggio...*, pp. 135-136.
([56]) *Ibid.*, pp. 48-49.

transporte usado naquele país. Outro negro que vai ao lado leva uma espécie de guarda-sol muito grande para os proteger dos raios ardentes. Quando duas pessoas que têm negócios em comum se encontram, juntam os guarda-sóis e passeiam assim à sombra, uma a par da outra.

As mulheres brancas, quando saem de casa, o que raramente sucede, são transportadas numa rede coberta, como no Brasil, e acompanhadas por escravas. Os escravos, tanto os homens como as mulheres, ao dirigirem a palavra ao seu amo põem-se de joelhos.

Há em Loanda um bom número de jesuítas, aos quais o rei de Portugal dá uma pensão de dois mil cruzados por ano e que mantêm escolas, pregam e realizam outras tarefas destinadas à salvação das almas. Os habitantes daquele país, como recompensa do seu trabalho, deram-lhes várias casas e doze mil escravos com diversos ofícios, tais como ferreiros, marceneiros, torneiros e canteiros, os quais, quando não encontram emprego em casa deles, vão servir o público, entregando o seu ordenado dum cruzado por dia aos patrões ([57]).

### O animismo

*O desenvolvimento do tráfico negreiro relegara para segundo plano o proselitismo cristão; no entanto, a conversão dos pagãos continuava a ser um objectivo e há que ter em conta o esforço dos capuchinhos, muitas vezes italianos, que, sucedendo ao pessoal missionário franciscano, operou sobretudo na Etiópia, mas também um pouco na costa ocidental. A sua acção ressentia-se da ignorância dos cristãos, mais inclinados a destruir os ídolos pela força do que a tentar definir e compreender as religiões africanas.*

*No entanto, é normal que os missionários se tenham debruçado mais do que os outros viajantes sobre o problema do animismo.*

### A feitiçaria

*Os primeiros missionários, com as ideias da magia negra medieval, estavam predispostos a temer as feitiçarias dos negros, que consideravam possessos do demónio.*

Supliquei ao rei *[de Bona, a leste do Senegal]* que me deixasse partir. Ele recusou terminantemente. Comecei a sentir-me realmente preocu-

---

([57]) P. A. de Guattini, *Viaggio...*, pp. 52-55.

pado quando soube que esse rei se servia de diabos familiares para castigar aqueles que abandonavam o reino contra sua vontade. De facto, passados meses, dois portugueses que quiseram partir dos seus domínios contra a vontade dele foram tão atormentados por esses demónios que julgaram morrer de terror e de sofrimento: enquanto um deles dormia, o diabo meteu-lhe uma corneta no nariz e soprou-lhe para dentro do cérebro uma matéria tão malcheirosa que o acordou e o esforço que ele fez para espirrar e se libertar assim daquela porcaria foi tão grande que vomitou sangue e julgou morrer.

Além disso, eu estava alojado na mesquita que se encontrava povoada de forças diabólicas e de ídolos, e sentia fortes receios de levar uma boa tareia durante a noite, dada por esses espíritos a quem fora combater; já que era obrigado a continuar ali, não tive outro remédio senão proteger-me com relíquias e coisas santas e armar-me duma grande confiança em Deus, por amor do qual eu me lançara naquele labirinto; os meus terrores aumentavam quando via o rei pegar numa serpente horrível e fazer-lhe grandes carícias; a serpente estava viva, apesar de não ter cabeça, e tinha uma pele muito bonita, pintada de cores maravilhosas [58].

...Os negros não estão longe de acreditar que há magos e pessoas que fazem milagres; mas, em vez de atribuírem a magia ao Diabo, dizem que se trata de um dom de Deus.

Numa determinada época do ano, eles expulsam o Demónio das suas aldeias; fazem-no por meio de estranhas cerimónias: assisti a elas por duas vezes em Axim. Antes dessa altura, celebram uma festa que dura oito dias, em que se entregam a toda a espécie de divertimentos, sobretudo aos cantos e às danças.

No oitavo dia, antes do meio-dia, expulsam o Diabo com gritos horríveis, correndo uns atrás dos outros, e atiram-lhe com toda a força pedras, paus, lixo e aquilo que têm à mão: acreditam em mais do que um diabo, pois expulsam-no de mais de cem aldeias ao mesmo tempo, e o receio de que ele se esconda dentro das casas leva as mulheres a lavar e a esfregar todos os recipientes de barro e de madeira que possuem, a fim de os limpar de todas as impurezas e de impedir que o Diabo se aloje dentro deles [59].

---

[58] P. Balthazar Barreira, *Lettre écrite de Guinée*, Paris, 1609, pp. 16-19. A adoração da serpente era um rito frequente no golfo do Benim; estendia-se, nomeadamente, a Uidá e ao Daomé.

[59] W. Bosman, *Voyage...*, pp. 160-161.

### Feitiços e Deus único

Os negros não reconhecem os feitiços como deuses, defendendo-se de uma tal impiedade com todas as suas forças; reconhecem um único Deus criador de todas as coisas, mas autor também dos feitiços, que pôs na terra para utilidade dos homens.

É difícil compreender o que são os feitiços. Ninguém me conseguiu dar uma explicação satisfatória para eles e posso afirmar que são todos ignorantes no que respeita à sua religião. Limitam-se a dizer que a receberam por tradição, de pai para filho, e que é a esses feitiços que devem todo o bem que recebem nesta vida e que deles depende todo o mal possível.

Os feitiços são diversos, de acordo com a fantasia de cada um: é raro encontrar dois negros, no meio duma multidão tão grande, que estejam de acordo no que se refere ao culto e à forma de cumprir as suas regras. Um considera feitiço um pequeno pedaço de madeira amarela ou vermelha; outro, alguns dentes de cão, de tigre ou de gato almiscareiro; outro um dente de elefante [ ... ], a ponta dum corno de carneiro cheia de porcaria, pequenos ramos de espinheiro, pequenas cordas feitas de plantas ou qualquer disparate semelhante [60].

### O além

Nem todos os negros pensam o mesmo acerca da outra vida. No entanto, a maior parte deles acredita que quando alguém morre vai para outro mundo e vive nele com a mesma dignidade e honras que possuía aqui, e que tudo o que os seus parentes sacrificam depois da sua morte lhe é entregue no outro mundo. Alguns defendem que o defunto é transportado, imediatamente depois da sua morte, para um rio, que é interrogado aí pelo ídolo: se ele respeitou todos os dias consagrados ao ídolo, se não jurou falso, se não comeu carnes proibidas, o ídolo leva-o suavemente até à outra margem e daí para um país onde ele goza de toda a espécie de delícias, espécie de Paraíso de Maomé. Caso contrário, lança-o para dentro do rio, onde ele se afoga.

Outros pensam que os mortos são transportados para o país dos brancos e aí mudam de cor [61].

---

[60] G. Loyer, *Relation...*, pp. 242-243.
[61] W. Bosman, *Voyage...*, pp. 150 e 160-162.

*As evocações da religião dos negros raramente ultrapassa-*
*vam o nível duma simples descrição; no entanto, apesar da sua*
*malevolência e do seu desprezo, os europeus não conseguiam*
*negar o fervor do sentimento religioso africano; houve protes-*
*tantes, cheios de preconceitos, aliás, que chegaram até a com-*
*parar, duma forma um pouco irónica, catolicismo e animismo:*

Se fosse possível converter os negros ao cristianismo, os católicos romanos estariam mais aptos que nós a fazê-lo, porque têm mais coisas em comum com eles, se não no essencial pelo menos no que se refere às cerimónias; efectivamente, enquanto os católicos romanos não comem carne em dois dias na semana, os negros também têm dois dias em que não bebem vinho; há uma época em que os da comunhão de Roma não podem comer certas carnes; mas os negros vão ainda mais longe e cada um deles está proibido de ingerir uma determinada espécie de carne: um não come carneiro, outro não come cabra, este não come vaca, aquele não come porco e assim por diante; e isto não sucede apenas um dia, ou durante um determinado mês, mas durante toda a vida. Embora Roma se gabe da antiguidade das suas regras, a verdade é que os negros lhe levam a palma neste aspecto; efectivamente, se perguntarmos aos negros por que razão não comem esta ou aquela carne, eles respondem que é porque os seus antepassados não a comiam e pelo termo antepassados entendem aqueles que viveram antes deles desde a fundação do mundo, de forma que receberam esses preceitos por tradição, de geração em geração ([62]) (*).

## As lacunas

*Assim, seria falso pensar que os europeus se desinteressaram da*
*África, mas, até ao século XIX, os conhecimentos continuaram a ser*
*superficiais.*
*Eles aperceberam-se, evidentemente, que a história dos povos negros*
*não correspondia às normas do Ocidente; alguns pressentiram mesmo*
*a importância das tradições orais:*

Os negros não possuem mais anais da sua história, porque não conhecem o uso da escrita; servem-se dos caracteres árabes para

---

([62]) W. Bosman, *Voyage...*, p. 157.
(*) Veja-se nestes tabus alimentares reminiscências do carácter totémico de certos animais *(N. da T.).*

escrever a sua própria língua pois não sabem outros; à excepção dos marabus e doutros grandes senhores, nenhum deles é capaz de ler ou escrever.

Apesar dessa ignorância, estão perfeitamente a par do que se passou nos tempos mais recuados. Têm uma memória tão prodigiosa e uma tradição tão constante do que sucedeu ao seu povo nos tempos mais antigos que é um prazer ouvi-los contar os factos já narrados pelos seus pais, e que estes aprenderam com os avós. Observa-se que eles não modificam nenhum pormenor e referem até as circunstâncias mais insignificantes ([63]).

> *Mas as ciências geográficas ou naturais ainda estavam na infância; alguns raciocínios encarados com a maior das seriedades, mas que hoje se nos afiguram surpreendentes, dão a medida desta ignorância:*

Por que razão têm os negros o nariz chato?

Eles têm o nariz chato porque as mulheres andam sempre com os filhos às costas embrulhados em panos de algodão, até quando batem o milho, e a violência dos seus movimentos faz com que os tendões se partam, pois o nariz das crianças choca continuamente com os ombros das mães ([64]).

> *De facto, não se podia esperar qualquer progresso na compreensão dos povos, enquanto os europeus, imbuídos da sua superioridade, continuassem a manifestar um profundo desprezo pelos africanos; os seus juízos, tão categóricos como deformados por preconceitos, traíam a impotência deles perante uma civilização estranha, cujo mistério não tentavam decifrar; nem sequer lhes ocorria a ideia de que tinham sido eles próprios a introduzir e a encorajar o alcoolismo ou a cupidez que criticavam nos negros.*

Os negros vivem numa ociosidade contínua; vivem como se tivessem um corpo de banha que receassem ver derreter-se ao calor do Sol e braços de vidro que receassem partir ao mais pequeno esforço;

---

([63]) P. Labat, *Voyage du Chevalier...*, II, p. 151.

([64]) Cl. Jannequin, *Voyage de Libye au Royaume de Senega...*, Paris, 1643, pp. 92-93.

efectivamente, as ocupações mais sérias com que preenchem o tempo consistem em fumar e em dormir ao sol, deitados de barriga para baixo na areia...([65])

São tão despreocupados e ralam-se tão pouco com os problemas que lhes dizem respeito que se torna quase impossível saber se estão contentes ou tristes: estarem numa festa ou num enterro, para eles vem a dar ao mesmo.

Gostam de dinheiro, é um facto, e nunca perdem de vista o objectivo de consegui-lo; mas empenham-se tão pouco nisso que, mesmo quando sofrem uma perda considerável, não deixam transparecer nada no rosto, e quando se deitam dormem como animais, sem que a menor preocupação lhes perturbe o repouso.

São tão matreiros que ninguém pode confiar neles; não desprezam nenhuma ocasião de enganar um europeu ou de se ludibriarem uns aos outros.

São sóbrios na comida, mas gostam apaixonadamente de licores fortes e todas as manhãs bebem aguardente e à tarde vinho de palma; gastam em aguardente tudo o que têm: vendem um dente de elefante por aguardente, mas embora a apreciem muito, não possuem um paladar delicado: uma vez deram-lhes uma com água misturada onde fora derretido um pedaço de sabão de Espanha, para que viesse ao de cima uma pequena porção de espuma a demonstrar que se tratava de aguardente; e aqueles pobres inocentes consideraram a espuma do sabão como prova da autenticidade do líquido ([66]).

...É muito difícil obrigá-los a trabalhar e por esse motivo encontramos entre eles um número escasso de artes e ofícios. As suas tarefas mais importantes consistem em fazer recipientes e vasos de madeira e de barro, em fabricar assentos de cadeira entrançados, caixas de cobre para meter unguento, pulseiras de ouro, de prata e de dentes de elefante e outras bagatelas semelhantes. São muito hábeis a trabalhar com a forja e fabricam todos os instrumentos necessários na guerra, excepto as armas de fogo. Mas as suas obras mais bonitas são, quanto a mim, os cordões de chapéu que eles fazem para nós com fios de ouro e prata entrançados com tamanha habilidade que os ourives da Europa não conseguem imitá-los e se estes não se fizessem pagar melhor do que os negros, em breve estariam reduzidos à miséria ([67]).

---

([65]) Padre F. J. B. Gaby, *Relation...*, pp. 66-67.
([66]) W. Bosman, *Voyage...*, pp. 124-126, 131, 430-431.
([67]) P. Labat, *Voyage du Chevalier...*, II, pp. 133-134.

*Os mestiços que proliferavam sobretudo nas terras portu-
guesas e cujo número aumentava por toda a parte graças à
licenciosidade da «vida colonial» poderiam ter sido um elo
entre as duas civilizações; mas, dado que a sua origem os
predispunha a compreender tão bem as línguas e métodos
europeus como os das tribos intermediárias, mostravam-se tão
hábeis a enganar os traficantes brancos como os negreiros
negros; por isso, eram os mais desprezados de todos os
africanos.*

...Os mestiços ou mulatos são filhos de um europeu e de uma negra,
ou de um branco e de uma mulata. Esta raça bastarda tem tendência
para toda a espécie de vícios e maldades; gostam tão pouco dos negros
como nós; nem sequer confiam uns nos outros; e raramente casam
entre si. Dizem-se cristãos, mas são tão idólatras como os negros. As
mulheres entregam-se publicamente aos brancos e um pouco mais
secretamente aos negros; são a escumalha dos brancos e dos negros e
o cano de esgoto dos vícios das duas nações.

Estas criaturas morenas já são bastante feias em jovens, mas quando
envelhecem tornam-se tão aterradores que poderiam servir para meter
medo às crianças. Mas não digo mais, pois receio que pensem que
tenho alguma coisa contra eles; o que não é, de maneira nenhuma,
verdade... ([68])

---

([68]) W. Bosman, *Voyage...*, p. 145.

# QUADRO SINCRÓNICO: SÉCULOS XVII E XVIII

| HISTÓRIA INTERNA DA ÁFRICA NEGRA | DESCOBERTA DA ÁFRICA NEGRA | HISTÓRIA GERAL |
|---|---|---|
| Depois de 1603: decadência do Bornu.<br>Cerca de 1610: formação das circunscrições Fon (Allada-Abomé-Porto Novo-Juda).<br>1627: o rei do Daomé conquista Juda.<br>1630: reino bambara de Segu.<br><br>1645: fim do reino de Mali.<br>Século XVI: apogeu do reino de Kororofa.<br>Século XVII: dissolução do Estado de Kitara. Decadência do Monomotapa.<br><br><br>1681-1702: reino de Arus no Uadai.<br>1699: formação da confederação Achanti.<br>Século XVIII: fundação do reino Cotocoli.<br>1725: reino fula do Futa Djalon.<br>1741-81: reino de Mohammed al-Arine no Baguirmi.<br><br>1776: república do Tekrur.<br><br>1787: morte do último rei do Loango.<br><br><br>1804: Osman dan Fodio prega a guerra santa e funda o império de Socoto. | 1607: cessão dos direitos mineiros do Monomotapa.<br>1618: o marinheiro francês Paul Imbert em Tombuctu.<br>1627: a Companhia Holandesa das Índias Ocidentais.<br><br>1638: fundação de S. Luís do Senegal.<br><br>1652: os Holandeses no Cabo. O Monomotapa baptizado.<br>1660: os Merchant Adventurers.<br>1664: a Companhia Francesa das Índias Ocidentais.<br>1672: carta da Royal African Co.<br>1697-1702: A. Brue, governador do Senegal.<br><br>1717: a Companhia das Índias (Companhia do Mississipi de Law).<br><br><br>1779: primeira guerra cafre entre Bantu e Holandeses.<br><br><br>1789: segunda guerra cafre. | 1610: assassinato de Henrique IV.<br>1624-42: Richelieu.<br><br><br>1648: Tratado de Vestefáilia.<br>1653-54: ruína do império holandês do Brasil.<br>1655: os Holandeses em Java.<br>1665: os Franceses em S. Domingos.<br>1672-78: guerra da Holanda.<br>1689: Guilherme de Orange, rei de Inglaterra.<br>1697: Carlos XII, rei da Suécia.<br>1715: morte de Luís XIV.<br>1742: Dupleix, governador da Índia.<br>1764: vitória dos Ingleses contra o Grão-Mongol.<br>1766-69: viagens de Bougainville.<br>1768-79: viagens de Cook.<br>1785-88: viagem de La Pérouse.<br>1787: os Ingleses na Austrália.<br>1789: Washington presidente dos EUA |

# 5. A AURORA DOS NOVOS TEMPOS

*No Século das Luzes, o progresso técnico e o despertar dos filósofos deu às descobertas um novo impulso.*

*Em 1755 («Discurso sobre a Origem da Desigualdade»), Jean-Jacques Rousseau, grande precursor, sublime visionário, anunciava o incremento das viagens e das explorações do século XIX e pressentia o futuro reservado às ciências humanas:*

Há trezentos ou quatrocentos anos que os habitantes da Europa inundam as outras partes do mundo e publicam sem cessar novas descrições de viagens e relatos, mas continuo convencido que os únicos homens que conhecemos são os europeus...: só quatro espécies de homens fizeram viagens de longo curso, os marinheiros, os mercadores, os soldados e os missionários. Não podemos esperar que as três primeiras categorias fornecessem bons observadores; e os da quarta, ocupados com a vocação sublime que os animava, mesmo quando libertos dos preconceitos do seu estado, não se deviam entregar facilmente a pesquisas que pareciam ter como causa a simples curiosidade...

Ter-se-ão acabado para sempre esses tempos felizes em que homens como Platão, Tales e Pitágoras, levados por um ardente desejo de saber, empreendiam grandes viagens apenas para se instruir?... Não concebo como é que num século que tem orgulho dos conhecimentos que possui não encontramos dois homens, um rico em dinheiro, outro em génio, ambos amantes da glória e com aspiração à imortalidade, um capaz de sacrificar vinte mil escudos da sua fortuna e o outro dez anos da sua vida a uma célebre viagem em volta do mundo para estudar não apenas as pedras e as plantas, mas os homens e os costumes e que, após tantos séculos gastos a medir e a contemplar a casa, se decidam finalmente a conhecer os habitantes.

...Imaginemos um Montesquieu, um Buffon, um Diderot, um Duclos, um d'Alembert, um Condillac ou outro homem da mesma têmpera, viajando para instruir os seus compatriotas, observando e descrevendo, como só eles sabem, a Turquia, o Egitpo, a Barbaria, o império de Marrocos, a Guiné, os Malabares, a Mongólia, as margens do Ganges, os reinos de Sião, de Pega e de Ava, a China, a Tartária e, sobretudo, o Japão e depois, no outro hemisfério, o México, o Peru, o Chile, a Patagónia... e todas as regiões selvagens: supondo que estes novos Hércules, de regresso dessas excursões memoráveis, escrevessem em seguida a história natural, moral e política daquilo que viram, assistiríamos ao nascimento de um mundo novo e aprenderíamos assim a conhecer o nosso (¹).

*Este texto profético precedeu vinte anos o surto renovado das descobertas; a curiosidade filosófica, com efeito, caminhava a par do progresso das ciências da navegação: a etapa decisiva foi, na segunda metade do século, o aperfeiçoamento do cronómetro de precisão que permitia finalmente calcular a longitude sem ser por estimativa. Organizaram-se nessa época, dentro da tradição de Magalhães, as grandes expedições de circum-navegação da Terra, as mais célebres das quais foram as de Bougainville (1768), de Cook (1769-1778) e de La Pérouse (1785-1788). Pela primeira vez, a descoberta científica sobrepunha-se à prospecção do mercado económico: mercadores, soldados e missionários eram, daí em diante, acompanhados por um pessoal qualificado, munido dos instrumentos de observação necessários para uma melhor apreensão do mundo.*

*Estas viagens por mar pouco adiantaram para a descoberta de um continente acerca do qual Montesquieu dizia, já no início do século: «hoje conhece-se bastante bem o litoral... e muito mal o interior» (²); mas elas foram acompanhadas de um esforço comparável, no sentido das explorações terrestres: em 1788, foi criada em Londres a African Association, destinada a encorajar as descobertas no continente negro a fim de desenvolver aí o comércio e de instalar a autoridade política da Inglaterra: o objectivo era atingir a opulenta e misteriosa*

---

(¹) J. J. Rousseau, Notas do «*Discours sur l'Origine de l'inégalité*», 1755.
(²) Montesquieu, *L'Esprit des Lois*, Genebra, 1748, Livro LXXI, cap. 10.

*Tombuctu, capital do Sudão; as primeiras tentativas, feitas a partir do Egipto, falharam; só o terceiro explorador chegou, talvez, ao Níger, onde morreu; o quarto, Houghton, decidiu subir o rio da Gâmbia, mas sucumbiu pelo caminho; coube ao escocês Mungo Park o mérito de abrir o Sudão, interdito aos cristãos desde a Idade Média.*

*A 21 de Julho de 1795, após uma viagem perigosa em que a hostilidade das populações muçulmanas se aliava aos obstáculos naturais, ele chegou ao Níger que, «largo como o Tamisa em frente de Westminster, brilhava ao sol, correndo lentamente para Oriente» ($^3$): era o fim de uma lenda que vinha da Antiguidade, segundo a qual o Senegal e a Gâmbia eram os dois braços de um grande rio que cercava a África Negra.*

*Doravante, o impulso estava dado: o continente africano entrava no campo dos conhecimentos europeus. Esse não era mais do que um aspecto da revolução do fim do século XVIII, que desde então passou a exprimir-se em duas correntes contraditórias: os herdeiros de Jean-Jacques Rousseau, imbuídos das ideias filosóficas, dedicaram-se a denunciar o carácter pernicioso da colonização; a primeira obra de envergadura acerca da expansão europeia foi escrita em 1770 pelo Abade Raynal:* Histoire philosophique et politique des établissements et du commerce des Européens dans les deux Indes, *em que o autor condenava os defeitos da colonização, os horrores da escravatura, da exploração e do aniquilamento dos indígenas:*

Todos os anos morre na América a sétima parte dos negros trazidos da Guiné. Encontramos hoje nas colónias europeias um milhão e quatrocentos mil infelizes que constituem os pobres restos dos nove milhões de escravos que elas receberam...

Neste século em que tantos erros são corajosamente desmascarados, seria vergonhoso calar verdades importantes para a humanidade: demonstremos, em primeiro lugar, que não há qualquer razão de Estado que possa justificar a escravatura. Não podemos deixar de acusar no tribunal da luz e da justiça eternas os governos que toleram esta crueldade e que não se envergonham em fazer dela a base da sua força.

---

($^3$) Mungo Park, *Voyage dans l'intérieur de l'Afrique fait em 1795*, trad. franc., Paris, ano VIII, T. 1, p. 309.

... É lícito dizer que aquele que quer transformar-me em escravo não é culpado, que ele se serve dos seus direitos? Onde estão eles, esses direitos? Quem lhes conferiu um carácter tão sagrado que possam anular os meus? A natureza concedeu-me o direito de me defender: não te deu, pois, o de me atacar. Se te julgas autorizado a oprimir-me, só porque és mais forte e hábil que eu, não te queixes quando, vencido a meus pés, sem ajuda e sem forças, os meus braços vigorosos te rasgarem o peito e te ferirem o coração; não te queixes quando sentires a morte chegar com os alimentos que te der através das tuas entranhas diladeradas. Sou mais forte e mais hábil que tu; expia agora o crime de ter tido mais força e destreza que eu, quando transformaste o teu irmão em escravo.

Pobres apologistas da escravatura não compreendem que estão a cobrir a terra de assassinos legítimos? Que estão a minar os fundamentos da sociedade... que gritam aos homens: se desejais conservar a vossa vida, praticai obras de morte, pois anseio por vos tirar a vossa?

... O direito de escravatura é o direito de cometer toda a espécie de crimes; os que atacam a propriedade: não dais ao vosso escravo a da sua pessoa, dos seus pés e mãos que podeis em qualquer momento prender com ferros; os que destroem a segurança: podeis imolá-la aos vossos caprichos; e os que atentam contra o pudor... O meu sangue revolta-se contra estas imagens horríveis; odeio, fujo da espécie humana composta por vítimas e carrascos; e se ela não se tornar melhor, melhor fora que perecesse.

... Mas os negros são uma espécie de homens nascidos para a escravatura. São limitados, matreiros, maus. Eles próprios aceitam a superioridade da nossa inteligência e quase reconhecem a justiça do nosso domínio.

Os negros são limitados porque a escravatura destrói todos os impulsos da alma. São maus, mas não o suficiente. São matreiros porque não se pode dizer a verdade aos tiranos. Reconhecem a superioridade do nosso espírito porque perpetuámos a sua ignorância e a justiça do nosso império consiste em termos abusado da sua fraqueza...

... Sois vós, colonos avaros e preguiçosos, que encorajais a escravatura na África, comprando essas pobres vítimas. Provocais a guerra atribuindo um preço não ao resgate, mas ao direito de propriedade sobre os prisioneiros. Os vossos barcos levaram para ali um germe de destruição, que só desaparecerá com a morte do vosso comércio abominável ou com a extinção dessa miserável raça que é aniquilada a troco de aguardente...

Apressemo-nos a substituir a cega ferocidade dos nossos pais pelas luzes da razão e pelos sentimentos da natureza. Quebremos as cadeias de tantas vítimas da nossa ganância, mesmo que tenhamos de renunciar a um comércio que tem a injustiça como base e o luxo como objectivo (⁴).

> *Dois anos após a publicação da obra de Raynal, os filantropos ingleses, sob a direcção de Granville Sharp, agitaram a opinião pública através de um célebre processo que iria culminar com a supressão da escravatura em solo britânico: formaram-se sociedades antiesclavagistas: Comissão para a Abolição do Tráfico de Escravos, em 1787, em Inglaterra, Sociedade dos Amigos dos Negros, no ano seguinte, em França. Finalmente, o entusiasmo religioso provocado na Grã-Bretanha pela pregação de John Wesley e pela fundação da Igreja metodista transformou a condenação do tráfico dos negros numa causa popular, ao mesmo tempo que se multiplicavam as obras das Missões: Baptist Missionary Society, em 1792, London Missionary Society, em 1795, Church Missionary Society, em 1799, etc...*
>
> *Não existe nada que denuncie tão bem a viragem decisiva da segunda metade do século como o testemunho surpreendente de um antigo negreiro inglês, que no fim da vida se tornou um dos mais zelosos promotores do movimento abolicionista.*
>
> *John Newton exercia a sua lucrativa actividade em 1750, num tempo em que o tráfico de escravos era considerado na Inglaterra não só uma actividade respeitável, mas ainda necessária à prosperidade do reino. No seu diário de bordo, de 1750 a 1754, que temos a sorte de possuir ainda, não existe nada que permita atribuir ao jovem traficante o menor escrúpulo acerca da legitimidade do seu comércio:*

As três maiores bênçãos concedidas à natureza humana são, incontestavelmente, a religião, a liberdade e o amor; Deus não me negou nenhum desses dons. Mas aqui, em África, encontro-me no meio de povos inteiros cujas línguas, embora diferentes umas das outras, têm em comum a característica de não possuir nenhuma palavra para exprimir

---

(⁴) Abade Raynal, *Histoire philosophique... des Européens dans les deux Indes*, Amesterdão, 1770 (1.ª edição), T. IV, livro XI, pp. 160-174 (extractos).

estas ideias sedutoras... Estas pobres criaturas não só estão privadas das vantagens de que eu gozo, como são vítimas, além disso, de todos os males contrários, e perseguidas pela necromancia, pela magia e pelas superstições sem conta que o medo, aliado à ignorância, consegue produzir no espírito humano. A única liberdade de que os negros têm consciência é a de não estarem sujeitos a ser vendidos, embora isso nem sempre possa constituir uma certeza... pois sucede muitas vezes que um homem que vai vender outro a bordo de um navio seja ele próprio comprado e vendido de modo semelhante, nessa mesma semana ([5]).

*No entanto, John Newton, obrigado por razões de saúde a renunciar, em 1754, aos vinte e nove anos, à sua actividade, sofreu em seguida uma espantosa transformação; dez anos mais tarde, foi ordenado padre e, em 1780, nomeado reitor da paróquia de St. Mary Woolnoth, na cidade de Londres, lançando-se, a partir daí, fogosamente na luta antiesclavagista. Foi graças à sua influência que Wilberforce assumiu a chefia do partido abolicionista, enquanto ele próprio redigia, em 1788, um vigoroso panfleto intitulado* Thoughts upon the African slave trade:

A natureza e o efeito deste ramo triste e repugnante do comércio que durante muito tempo imperou na costa de África, com o objectivo único e confessado de comprar os nossos semelhantes para abastecer de escravos as ilhas das Índias Ocidentais e as colónias americanas, quando elas nos pertenciam, foi compreendido de um modo geral... Se eu procuro, por minha vez, informar dele o público não é tanto com a ideia de que a minha intervenção seja necessária, mas sim porque penso que o silêncio, numa época e numa ocasião destas, seria criminoso da minha parte. Mesmo que o meu testemunho não se revele necessário ou útil, a minha consciência obriga-me a humilhar-me através de uma confissão pública que, por muito sincera que seja, é demasiado tardia para prevenir ou reparar os crimes que outrora pratiquei... ([6])

Penso que teria abandonado o comércio de escravos mais cedo se tivesse sabido que se tratava de uma actividade má ou ilegal. Mas

---

([5]) J. Newton, *The Journal of a slave trader, 1750-1754*, ed. por B. Martin e M. Spurrel, Londres, 1962, p. XII (26 de Janeiro de 1753).

([6]) *Ibidem.*

nenhum escrúpulo me aflorou a consciência nessa época, nenhum amigo me sugeriu um pensamento desse tipo. Todos os meus actos foram praticados por ignorância, pois estava convenciclo que essa linha de vida me fora destinada pela Providência Divina ([7]).

> *No entanto, a cruzada humanitarista e o despertar do espírito científico em breve se viram reforçados por factores económicos menos desinteressados: a revolução industrial do fim do século XVIII exigia que a Europa iniciasse a busca de matérias-primas mais abundantes e procurasse novos mercados.*
>
> *A África, ainda desprezada mas doravante a descobrir, oferecia um campo de acção novo: pretendeu-se, evidentemente, «transplantar a felicidade» para ali, mas também satisfazer os apetites crescentes de uma Europa em plena transformação.*
>
> *E certos apelos à expansão lançados no início do século XIX em nome da «civilização», tal como o de E. Gauthier, em 1821, eram já um prenúncio do imperialismo triunfante que iria conduzir, a partir de 1880, dentro de um contexto cada vez mais nacionalista, à partilha de África:*

Apesar dos árduos esforços de tantos homens intrépidos, a África continua pouco conhecida dos europeus. Um clima implacável, um oceano de areia, são obstáculos imensos; no entanto, o inimigo mais temível em toda a parte é ainda o homem. O viajante que o simum poupou raramente escapa à estúpida ferocidade do negro ou ao fanatismo intratável do muçulmano. Como é desejável ver formar-se uma sociedade cujo objectivo nobre e generoso seja não transportar para a África as conquistas superiores de uma civilização avançada, mas limar a dureza dos costumes, ensinar aos habitantes o que são sentimentos humanitários e proporcionar-lhes a felicidade aumentando a da Europa. Estão à nossa disposição recursos imensos; há muitos missionários piedosos e infatigáveis que apenas esperam conselhos e uma sábia orientação para ir pregar, apesar dos riscos, a divina e benfazeja moral do Evangelho; há dicionários das principais línguas africanas elaborados por sábios distintos.

Uma multidão de homens activos e instruídos, acostumados a enfrentar todos os perigos, aos quais pesa a ociosidade, esperam com

---

([1]) J. Newton, *The Journal...*, p. XII.

impaciência o impulso generoso: eis o que a França nos oferece; que vamos encontrar em África? Territórios imensos, cobertos de uma camada vegetal virgem que pode ser fecundada por trabalhos bem orientados e pelos raios de um sol ardente, prometem fartas colheitas de todos esses produtos que se tornaram necessários e que vamos buscar a paragens longínquas; uma população de homens de uma raça secundária, feita para servir, e acostumada ao despotismo de senhores bizarros e cruéis, que se sentirá feliz por mudar de amos: eis o que se tornou claro para uma nação que encontramos em toda a parte onde há hipóteses de ganhar dinheiro [a Grã-Bretanha].

Esperemos, pois, que, num século que apoia tudo o que é útil e bom, no momento em que uma paz profunda permite que a actividade dos espíritos se volte para um objectivo mais justo, mais grandioso e útil que a guerra, o exemplo do povo vizinho não seja vão e que sejamos capazes de acrescentar aos feitos da nossa bela França não essa glória desnecessária que não pode existir sem as lágrimas das mães, o sangue dos filhos e a infelicidade dos homens, mas as conquistas inocentes, os doces e pacíficos triunfos que contribuem simultaneamente para a prosperidade de uma nação e para o bem da humanidade [8].

*Efectivamente, as «conquistas» iam começar.*
*«Inocentes»?*

---

[8] E. Gauthier, Prefácio da tradução francesa de *Un voyage en Afrique...*, por J. Mac Leod, Paris, 1821.

# Anexo 1: Léxico

## Léxico dos tecidos comerciais

BAETAS E RATINAS: tecidos de lã não cruzada, sendo os melhores de proveniência inglesa.

BASTAS: tecidos de casca de árvore provenientes das Índias Ocidentais ou da China.

CHITAS DE PONDICHERY: tecidos de algodão das Índias, estampados e pintados de cores garridas.

CUTELINA: grande tecido branco ou azul de fio de algodão, proveniente das Índias Orientais (sobretudo de Surate).

GUINÉS: tecidos de algodão, geralmente azul, provenientes das Índias Orientais (designadamente de Pondichéry).

LAMBAS: tecido às riscas vermelhas, verdes, azuis e brancas.

LIMESTRES: sarjas de Ruão e, anteriormente, de Espanha, fabricadas em fina lã desta região.

NICANÉS: tecidos às riscas azuis e brancas, largas ou estreitas, provenientes das Índias Orientais.

PANOS: tecidos de seda de pêlo mais longo que o do veludo e mais curto que o da pelúcia, existindo também em lã, algodão, etc.

PLATILHAS: tecidos de linho alvíssimo provenientes de Cholet e de Beauvais.

REVÊCHE: tecido de lã, de tipo frisado com pêlo e pouco espesso (os melhores eram ingleses).

SALAMPURIS: tecidos de Coromandel (golfo de Bengala).

TAPSELS: grandes tecidos de algodão às riscas azuis provenientes de Bengala.

TREILLIS: espécie de serapilheira engomada, lisa e brilhante.

## Léxico dos pesos e das moedas

CRUZADO: moeda de ouro portuguesa, criada em 1447.

DINAR: moeda de ouro árabe com o peso de 4,729 gramas e o valor de 14,5 francos-ouro (L. Massignon, *Le Maroc... Tableau géographique d'après Léon l'Africain*, Alger, 1906).

DUCADO: moeda de ouro originária de Veneza (1284); foi com frequência imitado, nomeadamente em Espanha, nos séculos XV e XVI; o ducado da Holanda tinha o valor médio de 5,70 florins.

ESTERLINO: peso utilizado nas oficinas monetárias: 1/20 da onça ou seja 1,5 g, aproximadamente.

FLORIM: moeda de ouro originária de Florença (1252); a nível internacional, viria a ser suplantado, no século XV, pelo ducado de Veneza.

LIBRA: antiga unidade de peso, variável segundo os tempos e lugares (mas calculada em 489 g aproximadamente); também antiga moeda de conto.

MARCO: o terço da libra no sistema esterlino.

MITICAL: moeda árabe equivalente ao dinar ou ao ducado (R. Mauny, *Tableau Géographique...*, p. 422).

ONÇA: antiga unidade de peso, cujo valor variou, segundo os sistemas, de 24 a 33 gramas.

# Anexo 2: As Companhias com carta ou alvará

## 1– As companhias francesas de África com privilégios

1541: Primeira viagem francesa conhecida: «La Perrine», de Guilherme Houzard, vai da costa da Guiné ao Brasil.

1626: Criação, por comerciantes de Ruão, de uma companhia normanda para a exploração do Senegal e da Gâmbia.

1633: A Companhia recebe de Richelieu, por um período de dez anos, o privilégio do comércio no Senegal, Cabo Verde e Gâmbia.

1634: J. Briant-Larcy e associados criam uma outra sociedade, com o capital de cem mil libras, e obtêm de Richelieu, por um período de dez anos, o privilégio do comércio da Serra Leoa ao cabo Lopez.

1635: P. de la Haye, de Paris, e associados recebem do rei o monopólio do comércio do cabo Branco ao Senegal e da Gâmbia à Serra Leoa (à excepção dos rios do Senegal e da Gâmbia).

1658: A Companhia de 1633 é dissolvida e resgatada por 92 000 libras pela Companhia de Cabo Verde e Senegal.

1664: Colbert expropria a companhia precedente em proveito da Companhia das Índias Ocidentais, a qual recebe, por um período de quarenta anos, o privilégio exclusivo do comércio entre o cabo Branco e o cabo da Boa Esperança.

1672: A Companhia das Índias Ocidentais, deficitária, é liquidada e revogada em 1674.

1673-74: Egrot, Raguenet e François, de Paris, compram por 75 000 libras o monopólio do comércio no Senegal pelo período restante de trinta anos. Em 1679, a sua Companhia do Senegal domina S. Luís (fundada em 1638), Arguim e Goleia (tomadas aos Holandeses), Joal, Portudal, Rufisque e 1/7 da foz do Gâmbia, recebendo o monopólio do comércio das regiões entre o cabo Verde e o cabo da Boa Esperança.

1681: Uma nova companhia com o capital de 600 000 libras, dirigida por Dappougny, substitui a precedente, que não pudera cumprir o encargo de transportar para as ilhas francesas da América dois mil negros por ano durante oito anos.

1684: Colbert provoca a cisão entre:
– a Companhia do Senegal dirigida por Dappougny (até ao rio de Serra Leoa, inclusive);
– a Companhia da Guiné.

1694: Dappougny resgata a Companhia por 300 000 libras.

1696: Dappougny associa-se a dezoito novos accionistas que trazem a soma de 250 000 libras.

1708: A Companhia da Guiné é liquidada com o passivo de 2 400 000 libras (activo de 450 000 libras).

1708-1709: Mustelier e cinco associados resgatam a companhia por 240 000 libras, sob o nome de Companhia de Ruão, a qual funda o novo estabelecimento de Galam.

1717: A concessão do Senegal é resgatada pela Companhia do Mississipi fundada por Law, a qual, sob o nome de Companhia das Índias (1719) subsistirá até 1769.

1785: A Nova Companhia das Índias desaparece definitivamente em 1797.

## II – As companhias inglesas de África com privilégios

1553: Primeira viagem inglesa de que há memória na África Ocidental.

1588: Oito «Senegal Adventurers» recebem, por um período de dez anos, o monopólio do comércio entre o Senegal e a Gâmbia.

1618: Criação de uma companhia de trinta e sete membros com direito a monopólio: Company of Adventurers of London Trading to Guynney and Binney.

1631: Reorganização da companhia. Em Cormantin é criado o primeiro estabelecimento inglês permanente. Estabelecimentos na costa do Ouro em 1649-1650.

1660: É outorgada a Carta à Royal Adventurers Company into Africa.

1661: Pequeno estabelecimento na foz do Gâmbia.

1663: Nova Carta. Capital de 120 000 libras.

1667: Princípio da venda de licenças a comerciantes independentes.

1669: Os «Gambia Adventurers» recebem da Royal Adventurers Company o privilégio do comércio no norte da costa de África (direito que a Royal African Company retomaria em 1678).

1672: É outorgado o monopólio à Royal Company of Africa.

1698: Abertura do comércio africano a toda a gente, mediante os direitos de 10 % retirados pela Companhia.

1712: Expiração do decreto dos 10 %. A Companhia perde o seu monopólio.

1750: Surto da Company of Merchants Trading to Africa, que desaparecerá em 1817. (Na realidade, no século XVIII, o comércio inglês viveu da Interlope.)

## III – A Companhia Holandesa das Índias Ocidentais

Princípio abortado em 1607.

Criação em 1621: monopólio do comércio pelo período de vinte e quatro anos com a América, as Índias Ocidentais e a África Ocidental, do Trópico de Câncer ao cabo da Boa Esperança.

Liquidação em 1674, sendo substituída pela Segunda Companhia das Índias Ocidentais, com reduzidos privilégios.

1730: Os privilégios da Companhia são limitados à costa do Ouro.

1734: Abolição dos privilégios (excepto o da importação de negros na Guiana).

1791: Dissolução da Companhia.

# Anexo 3: Principais fontes impressas até cerca de 1770

A lista cronológica que se segue não pretende ser de modo algum exaustiva. Nomeadamente a partir do século XVIII, os textos tornam-se mais numerosos e a sua recensão reveste-se de maiores dificuldades, em especial no que diz respeito aos textos não franceses.

Para cada título as indicações bibliográficas referem-se à edição mais recente ou à mais acessível ([1]) .

## I – Antiguidade

– *Périplo de Hanão, sufete de Cartago; tradução grega. Expedição situada no século VI ou V antes de Cristo (trad. francesa de Ph. Cazeneuve, Tunes, 1889).

– Heródoto de Halicarnasso, historiador grego do século V antes de Cristo: *Histórias* (texto grego e trad. fr., Paris, Les Belles Lentes, 1961).

– Políbio, historiador grego do século II antes de Cristo (trad. fr., Paris, Garnier, 1921).

– Cornelius Nepos, historiador latino do século I antes de Cristo (texto latino e trad. fr., Paris, Les Belles Lettres, 1961).

– Estrabão, geógrafo grego (58 a. C. – 25 d.C.): *Geografia* (trad. fr., Paris, Hachette, 1909).

– Plínio *o Velho*, naturalista latino (23-79 d.C.): *Historia Naturalis* (texto latino e trad. fr., Paris, Les Belles Lettres, 1950).

– Pomponius Mela, geógrafo latino (espanhol) do século I d. C. (texto latino e trad. fr., Nisard, Paris, 1845).

– Ptolomeu, astrónomo e geógrafo grego do século II d. C.: *Tratado de Geografia* (trad. fr. de Halma, Paris, 1828); *Tabulae Geographicae*, (pub. por Ch. Muller, Paris, 1901).

## II – Árabes (autores principais)

*Século IX*

– Tradução de Ptolomeu.

---

([1]) Os asteriscos designam as testemunhas oculares.

– Yaqubi, que realizou grandes viagens no Norte de África.
872: *História Universal.*
889: *O Livro das Regiões* (trad. G. Wiet, Cairo, 1937).

*Século X*

– Masudi, sobre o Norte de África e a África Oriental.
947: *As Pradarias de Ouro* (texto árabe e trad. fr. por C. Barbier de Meynard, Paris, 1861-1877).
– *Ibn Hauqal, geógrafo e comerciante que atravessou o Sudão até Audaghost.
Antes de 977: *O Livro da Imagem da Terra* (extracto: *Descrição da África*, trad. fr. por M. G. de Slane, Paris, 1842).

*Século XI*

– Al-Bakri, andaluz (a precisão das suas informações sobre o Sudão não prova necessariamente que tenha atravessado o Sara).
1068: *Descrição da África Setentrional* (trad. fr. por M. G. de Slane, Argel, 1913, 2.ª ed.).

*Século XII*

– Al-Idrisi (natural de Ceuta, viveu na corte do rei normando Rogério de Sicília).
1154: *O Livro de Rogério ou Divertimento para Quem Deseja Viajar à Volta da Terra* (extracto: *Descrição da África e da Espanha*). Trad. de R. Dozy e J. de Goeje, Leyde, 1866).
– Abu Zakariya (antes de 1111), Al-Wisyani (segunda metade do século XII) e narração anónima dita *As Viagens dos Xeques* (antes de 1162), sobre as relações comerciais entre os Ibaditas do Magrebe (Uargla) e o Sudão Ocidental (extractos citados por T. Lewicki, *Folia Orientalia*, Cracóvia, II, 1960, não trad.).

*Século XIII*

– Yakut
Antes de 1224: *Ordenação Alfabética das Regiões*, compilação dos conhecimentos dos geógrafos árabes (tradução de uma passagem sobre a troca muda comentada por L. Delafosse, *Haut-Sénégal-Níger*, Paris, 1912, t. II, p. 46).
– Ibn Sahid
Antes de 1286: *Livro do Mapa-múndi Segundo os Sete Climas* (descrição sobretudo do lago Chade). Copiosamente citado por Abulféda (ver mais adiante).
– Ibn Al-Uardi
Século XIII: *A Pérola das Maravilhas* (comentário de M. de Guignes. *Notices et Extraits des Man. de la Bib. du Roi*, 1787, t. II, p. 37 e segs.); aí se descreve nomeadamente o comércio do ouro.

*Século XIV*

– Abulféda, compilador de história e de geografia, de Damasco.
1321: *Geografia*, trad. fr. de M. Reinaud, Paris, 1849 (t. II, parte I).

- Al'Omari (que viveu na Espanha e morreu em Damasco).
1336-1338: *Itinerário através dos Reinos do Mundo Civilizado*. Dispôs de um bom informador sobre o Mali e escreveu a história do sultão negro Kankan Mussa (extracto: *A África menos o Egipto*, trad. fr. de M. Gaudefroy-Demombynes, Paris, 1927).
- *Ibn Batuta (que viajou até ao Sudão nos anos 1352-1353).
1355: *Presente feito aos observadores das curiosidades que as cidades oferecem e maravilhas encontradas nas viagens* (extracto: *Viagem ao Sudão*), em que designadamente se descreve a capital do sultão do Mali, Mansa Solimão. Trad. fr. de M. G. de Slane, Paris, 1845.
- Ibn Caldune (natural de Tunes, morto no Egipto).
*História dos Berberes*, trad. fr. de M. G. de Slane, Paris, 1925-1956 (4 vols.).

*Século XVI*

- Ach-Chammakhi
Antes de 1522: *Livro das Viagens*, sobre o papel dos Ibaditas do Magrebe no comércio do ouro e a conversão do rei do Mali (citado por J. Schacht em *Travaux de l'Institut de Recherches Sahariennes*, XI, 1954, p. 11).
- Leão o *Africano* (natural de Granada. Feito prisioneiro dos Sicilianos durante uma das suas viagens, foi baptizado e viveu na corte do papa Leão X. O seu grande mérito foi o de revelar ao mundo cristão os conhecimentos dos árabes sobre a África).
1526: *Descrição da África*, trad. fr. de A. Epaulard, Paris, 1956).

## III – Os cristãos do fim da Idade Média e na Idade das grandes descobertas

- Raimundo Lúlio
Antes de 1283: relata a viagem ao Sudão do «mensageiro do cardeal», *Blanquerna* (ed. Mallorca t. IX, 1914, cap. 88). Pub. por Ch. de la Roncière, *La Découverte de l'Afrique, Cartographie et Explorateurs* (Cairo, 1924, t. I, p. 111).
- Franciscano espanhol anónimo de Andaluzia
Meados do século XIV: *Libro del conoscimiento de todos los reynos y tierras... que son por et mundo* (pub. Madrid, 1877). Descrição de uma suposta viagem ao Sara e a Sidjilmasa.
- *António Malfante, genovês instalado no Tuat.
1447: *Carta descrevendo a bacia do Níger* (pub. por Ch. de la Roncière, *op. cit.*, pp. 151-158).
- Gomes Eanes de Zurara, português, escudeiro e panegirista do Infante D. Henrique o *Navegador*.
1452-1453: *Crónica de Guiné* (Livraria Civilização, Barcelos, 1973).
- *A. Cadamosto, nobre veneziano que, sob patrocínio do Infante D. Henrique, realizou duas viagens à costa africana, em companhia do genovês António de Nolli, chamado Uso di Mare.
1455-57: *Relation des Voyages à la côte occidentale d'Afrique* (trad. fr. pub. por Ch. Schefer, Paris, 1895).
- *Eustache de la Fosse, comerciante flamengo de Tournai, que partiu de Cádis em 1497-1480 a bordo de uma caravela espanhola.
Cerca de 1520: *Voyage à la côte occidentale d'Afrique* (pub. por R. Foulché-

-Delbosc, *Revue Hispanique*, IV, 1897, pp. 174-201.
- Diogo Gomes, português de Sintra, contou as suas viagens à costa africana (Cabo Verde e Gâmbia) a Martin Beahim, que as redigiu depois de 1482: *De Prima Inventione Guynee* (texto latino e trad. fr., Bissau, Centro Estudos Guiné Port., n.º 21, 1959).
- Valentim Fernandes, natural da Morávia instalado em Lisboa e que dispôs de bons informadores.
  1506-1507: *Description de la côte occidentale d'Afrique* (texto e trad. fr. de Th. Monod, R. Mauny e T. da Mota, Bissau, C. E. G. P., n°11,1951).
- Duarte Pacheco Pereira, português.
  1506-1508: *Esmeraldo de Situ Orbis...* (Academia Portuguesa da História, Lisboa, 1955).
- João de Barros, português, intendente das Casas da Índia e da Mina, quer dizer, administrador do grande comércio português na Ásia e em África.
  1552: *Asia..., I Década* (Agência Geral das Colónias, Editorial Ática, Lisboa, 1945).
- *Europeans in West Africa*, 1450-1560, documents to illustrate the nature and scope of Portuguese enterprise in West Africa, the abortive attempt of Castilians to create and enterprise there and the early English voyages to Barbary and Guinea (ed. por J. W. Blake, Londres, 1942, Hakluyt Society
- *Filippo Pigafetta e Duarte Lopez
  1591 (Roma): *Relação do Reino de Congo e das Terras Circunvizinhas* (Agência Geral do Ultramar, Lisboa, 1951).
  Obra nascida da colaboração de um comerciante português (D. Lopez) e de um humanista italiano (F. Pigafetta). Fundamental para a história do Congo.
- Finalmente, os riquíssimos arquivos do Vaticano, que as publicações de J. Cuvelier e L. Jadin tornaram acessíveis, informam sobre as relações dos reis do Congo com Portugal e a Santa Sé, nos séculos XVI e XVII (J. Cuvelier e L. Jadin, *L'Ancien Congo d'après les archives romaines*, 1518-1640, Bruxelas, 1954, 600 pp.).

## IV – Séculos XVII e XVIII

Os documentos mais preciosos continuam a ser os relatórios, muitas vezes inéditos, dos directores ou dos agentes das companhias de África, companhias de privilégios de várias nacionalidades, assim como o riquíssimo fundo dos arquivos – livros de contas ou jornais de bordo – da Royal African Company, existente no «Public Record Office», com a cota «Treasury, 70».

Poderemos, no entanto, assinalar ainda:

*A – Fins do século XVI*

- Luys del Marmol Carvajal, espanhol.
  1573-1589, Granada: *Description Générale de l'Afrique* (compilação geográfica), trad. fr., Paris, 1667.
- *A. A. d'Almada, português.
  1594; *Tratado Breve dos Rios de Guinee* (L. Silveira, Lisboa, 1946).
- J. H. de Linshoten, holandês.
  1596, Amesterdão: *Description de toute la côte de Guinée* (não traduzido).

*B – Século XVII*

- *Anónimo holandês
  1605, Amesterdão: *Descrição e Relato Histórico do Rico Reino do Ouro da Guiné* (relatório de uma viagem efectuada em 1600).
- *P. Van P. der Broeck, holandês.
  1605: *Voyage au Cap-Vert, à Angola et aux Indes Orientales, etc...* (trad. fr. em 1705, Amesterdão).
- P. Balthazar Barreira, da Companhia de Jesus.
  1610, Paris: *Lettre écrite de Guinée en 1609* (trad. do italiano).
- *Samuel Braun, de Basileia.
  1617: *Voyage au Golfe de Guinée*, trad. fr. por R. P. Bouchaud. Notes d'Histoire du Gameroun, *Bull. Soc. Et. Camer.*, n.º 19-20, 1947.
- *R. Jobson, inglês.
  1623, Londres: *The Golden Trade, or a Discovery of the River Gambra* (reed. Teignmouth, 1904).
- J. Armand, dito Mustapha, turco ao serviço do conde de Soissons, 1631, Paris: *Voyages d'Afrique faits par le commandement du roi en 1629-1630* (diz sobretudo respeito ao Norte de África).
- P. d'Avity.
  1637, Paris: *Le Monde ou la Description générale de ses quatres parties,* t. II: *Description de l'Afrique* (compilação geográfica).
- *R. P. Alexis de Saint-Lô (capuchinho).
  1637, Ruão: *Relation du Voyage au Cap-Vert.*
- *Cl. Jannequin
  1643, Paris: *Les Voyages de Libye au Royaume de Senega le long du Niger... em 1639.*
- *P. Bergeron.
  1648, Paris: *Les Voyages fameux du sieur Vincent Leblanc* (geografia romanesca).
- *Anónimo holandês
  1650, Amesterdão: *Voyagie...* (Viagem à Costa do Ouro na Guiné e descrição do Reino do Congo e de Angola). Não há traduções.
- O. Dapper, holandês.
  1668, Amesterdão: *Description de l'Afrique* (compilação geográfica). Trad. fr. Amesterdão, 1686.
- Villault de Bellefonds.
  1669, Paris: *Relation des côtes d'Afrique appelées Guinée...* (provavelmente um falso).
- J. Ogilby, irlandês.
  1670, Londres: *Africa, beeing an accurate description of... the land Negroes, Guinee...*
- Cirurgião francês prisioneiro em Trípolis.
  Cerca de 1670: *Discours historique de l'état du royaume de Bornou* (B. N. ms. fr. 12220, fol. 87 vol.); ed. de Ch. de la Roncière, *Revue d'Histoire des Colonies*, 2.º sem. 1919, pp. 78-88.
- *Padre A. de Guattini e padre D. de Carli, italianos.
  1674, Bolonha: *Viaggio... alia citta di Loanda... con una fedele narrativa delli paesi der Congo en 1666-1667* (crónica de dois missionários jesuítas). Trad. fr., Lião, 1688.

- F. de Lemos Coelho, português
  1684: *Duas Descrições Seiscentistas da Guiné* (pub. por D. Peres, Lisboa, 1953).
- *De La Courbe, encarregado de uma missão de estudos junto da Companhia do Senegal, depois director da Companhia no Senegal.
  1685: *Voyage fait à la côte d'Afrique* (editado por P. Cultru, Paris, 1913). Descreve o comércio no Senegal.
- 14 de Janeiro – 14 de Novembro de 1685.
  Diário de bordo do *Amitié*, pub. por Abdoulaye Ly, *Un navire sur la côte sénégambienne en 1685*, I. F. A. N., Dacar, 1964, 68 pp. (Manuscrito 581, 1.ª parte, biblioteca central do Museu de História Natural).
- *Chambonneau, funcionário da Companhia do Senegal.
  1688: *Relation du voyage fait par lui en 1686-87 remontant le Niger* [Senegal] (pub. por H. Froidevaux, *Revue Africaine*, Paris, 1898).
- De La Croix.
  1688, Paris: *Relation universelle de l'Afrique ancienne et moderne* (extraída de Dapper).
- Padre F. J. B. Gaby.
  1689, Paris: *Relation de la Nigritie...* (Senegal).
- Le Maire (Agente da Real Companhia de África).
  1695, Paris: *Voyages aux Iles Canaries, Cap-Vert, Sénégal, Gambie*.

C – *Século XVIII*

- *William Bosman, holandês, subcomandante da costa da Mina para a Companhia Geral das Índias.
  1705, Utreque: *Voyage de Guinée*.
- *Padre A. Zucchelli de Gradisca, italiano.
  1712, Veneza: *Relazioni del viaggio e missione di Congo nell' Etiopa inferiore occidentale* (cerca de 1700).
- *R. P. Godefroy Loyer (Prefeito apostólico das missões dominicanas nas costas da Guiné).
  1714, Paris: *Relation du voyage au Royaume d'Issigny* [Assínia]... *en 1701--1703*.
- *Padre Laurent de Lucques.
  1700-1717: *Relation sur le Congo* (pub. por J. Cuvelier, Bruxelas, 1953).
- 1700-1726.
  "O clero secular e os capuchinhos do Congo e de Angola nos séculos XVI e XVII, conflitos de jurisdição" pub. por L. Jadin, *Bulletin de l'Institut historique belge de Rome*, t. XXXVI, 1964, pp. 185-483.
- *Anónimo holandês
  1719, Amesterdão: *Voyages aux Côtes de Guinée et en Amérique faits en 1702*.
- Padre Labat.
  1728, Paris: *Relation de l'Afrique occidentale* (Senegal); compilação em parte retirada de La Courbe.
  1730, Paris: *Voyage du chevalier des Marchais en Guinée*. Compilações preciosas ainda que certas informações necessitem de verificação.

- W. Snelgrave, inglês, agente da Royal Company of Africa.
  1735, Londres: *A full account of some parts of Guinea and the slave trade* (Viagem pela costa do Daomé em 1727), trad. Amesterdão, 1785.
- *J. Atkins, inglês.
  1737, Londres: *A voyage to Guinea, Brasil and the West Indies* (Cabo Verde, Serra Leoa, Guiné).
- *F. Moore, inglês, corrector da Royal Company of Africa.
  1738, Londres: *Travels into the inland parts of Africa,* completado pelo *Captain Stibbs' voyage up the Gambia in 1723.*
- *W. Smith, inglês, agente da Royal Company of Africa.
  1744, Londres: *New voyage to Guinea* (trad. Paris, 1751).
- Gaudentio de Lucques. Viagem imaginária pretensamente traduzida do italiano, atribuída ao inglês A. Berkeley.
  1746, Paris: *Mémoire où il instruit l'Inquisition d'un pays inconnu situé en Afrique* (Estado utópico do Sudão onde reina o Espírito das Luzes).
- *Duliron, agente da Companhia das Índias.
  1747: *Mémoire contenant quelques observations que le sieur Duliron a faites lorsqu'il a parcouru la rivière Falémé en 1747* (pub. por H. Froidevaux, *Revue Africaine*, Paris, 1905).
- *H. Lojardière
  1748, Francoforte: *Description de son voyage en Afrique* (tradução alemã).
- *John Newton
  1750-54: *The Journal of a slave trader,* seguido de *Thoughts upon the African slave trade* (1788), editado por B. Martin e M. Spurrel, Londres, Epworth Press, 1962 (121 p.).
- *Michel Adanson (correspondente da Real Academia de Ciências). 1757, Paris: *Histoire naturelle du Sénégal et Relation d'un voyage en ce pays de 1749 à 1753.*
- Anónimo americano
  1771, Filadélfia: *Some historical account of that part of Africa...*
- A. Benzet.
  1771, Filadélfia: *Some historical Account of Guinea* (pleito antiesclavagista).
- 10 de Abril de 1772, Paris: *Mémoire sur la Mission de Loango* (folheto de propaganda).
- Abade Proyart
  1776, Paris: *Histoire de Loango, Kakongo et autres royaumes d'Afrique.*
- *Documents sur une Mission française au Kakongo, 1766-1776* (publicado por J. Cuvelier, Bruxelas, 1953).
- *Robert Norris, negreiro inglês.
  1789, Londres: *Memoirs of the reign of Bossa-Ahadee: with an account of a journey to Abomey, in 1772* (trad. Paris, 1790).
- Abade Raynal.
  1770, Amesterdão, 1.ª edição: *Histoire philosophique et politique des Etablissements et du Commerce des Européens dans les Deux-Indes* (2 vols.).
  1826, Paris, obra póstuma: *Histoire philosophique et politique des Etablissements et du Commerce des Européens dans l'Afrique* (2 vols.).

## V – Textos árabes locais

Os dois mais importantes são:
- *Ta'rîkh al-Fattâsh,* composto principalmente por Mahmoud Kati e seu neto, de 1520 a 1599, revisto por volta de 1600, apêndice de 1660. Encontrado em 1911 em Tombuctu, traduzido em 1913 (por O. Houdas e M. Delafosse, Paris); reeditado por A. Maisonneuve, Paris, 1964. Informações sobre: Gana, Mali, Reino de Diara e reis Songai.
- *Ta'rîkh as-Sûdân,* encontrado e traduzido em 1900 (por O. Houdas, Paris); reeditado por A. Maisonneuve, Paris, 1964. Composto por As-Sa'dî de Tombuctu, entre 1627 e 1655: lista dos príncipes do Songai – História de Kankan Mussa, rei do Mali – Tombuctu, vassalo do rei do Marrocos no século XVI.

Entre as grandes recolhas de narrativas de viagem:

- Em França, C. A. Walkenaer, *Histoire générale des voyages* (1826-1828), 19 vols. (compilação das viagens na África Ocidental do século XVI ao século XIX).
- Na Grã-Bretanha: as numerosas e notáveis publicações da Hakluyt Society.

## Orientação bibliográfica

### Obras gerais

- *Histoire générale de l'Afrique noire, I. Des origines à 1800,* Paris, PUF, 1970, 576 pp.
- *Histoire Universelle* (Encyclopédie de la Pléiade), t. I, II, III, Paris, 1957--1958.
- R. e M. Cornevin, *Histoire de l'Afrique des origines à nos jours,* Petite Bibliothèque, Payot, Paris, 1964, 423 pp. (cronologia dos acontecimentos).
- B. Davidson, *L'Afrique avant les Blancs, découverte du passé oublié de l'Afrique,* trad. do inglês, PUF, Paris, 1962, 326 pp. (precioso sobre as fontes arqueológicas da África Oriental).
- H. Deschamps, *L'Afrique noire précoloniale,* PUF, col. Que sais-je? Paris, 1962, 128 pp. (cronologia clara e documentada, base indispensável).
- J. D. Fage e R. Oliver, *A short history of Africa,* Penguin African Library, 1962, 280 pp. (um modelo de erudição simpática).
- L. C. D. Joos, *Brève histoire de l'Afrique noire,* Isssy-Les-Moulineaux, 1961, 207 pp. (sumário; um útil quadro sincrónico).
- J. Suret-Canale, *Afrique noire, Géographie, Civilisations, Histoire,* Editions Sociales, 3.ª edição, Paris, 1968, 385 pp. (muito claro; condensado mas essencial).
- B. de Vaulx, *En Afrique, cinq mille ans d'exploration,* A. Fayard, Paris, 1960, 318 pp. (sucinto mas documentado).

## Antiguidade, Islão e Idade Média cristã

- Ch. de La Roncière, *La Découverte de l'Afrique, Cartographie et Explorateurs*, Cairo, 1924-1926, Mémoires de la Société royale de Géographie d'Egypte, 3 vols. in fol. (fundamental).
- Jehan Desanges, *Catalogue des tribus africaines de l'Antiquité classique à l'ouest du Nil*, Dacar, publicações da Secção de História, n.º 4, 1962, 298 pp. (inventário exaustivo e comentado).
- R. Mauny, *Les navigations médiévales sur les côtes sahariennes antérieures à la découverte portugaise (1434)*, Lisboa, 1960, 151 pp. 181
- R. Mauny, *Tableau géographique de l'Ouest africain au Moyen Age*, IFAN, Dacar, 1961, 587 pp. (estudo exaustivo fundamental).
- M. Lombard, *Les bases monétaires d'une suprématie économique: l'or musulman du VIIᵉ au XIᵉ siècle, Annales, E. S. C.*, n.º 2, Abril-Junho, 1947, pp. 143-160.
- V. Monteil, *L'Islam Noir*, Le Seuil, Paris, 1964, 368 pp. (excelente levantamento e boa bibliografia).
- T. Filesi, *Le relazioni della Cina con l'Africa nel medioevo*, Milão, A. Giuffrè, 1962, 139 pp. (as fontes chinesas para a África).

## As grandes descobertas

Além das obras precedentes:

- Vitorino de Magalhães Godinho, *A Economia dos Descobrimentos Henriquinos*, Lisboa, 1962, 247 pp.
- F. Braudel, *La Méditerranée et le monde méditerranéen à l'époque de Philippe II*, Paris, Colin, 1949, 1160 pp. (três capítulos indispensáveis sobre o Sara, o ouro do Sudão e o comércio da pimenta).

## Séculos XVII e XVIII

- F. Mauro, *L'Expansion européenne, 1600-1870*, colecção Nouvelle Clio, PUF, Paris, 1964, 417 pp. (obra muito rica, oferecendo uma bibliografia muito clara, apresentada em 95 páginas, sobre as obras que estudam a questão).
- H. Deschamps, *L'Afrique tropicale aux XVIIᵉ-XVIIIᵉ siècles,* curso dado na Sorbonne, 1963-64, C. D. U., 130 pp. (a primeira síntese).
- Aboulaye Ly, *La Compagnie du Sénégal*, Présence Africaine, Paris, 1958, 310 pp.
- K. G. Davies, *The Royal African Company*, Londres, 1957, 390 pp.
- M. Emerit, "Les liaisons terrestres entre le Soudan et l'Afrique du Nord au XVIIIᵉ siècle et au début du XIXᵉ siècle" *Travaux de l'Institut de Recherches sahariennes*, t. XI, 1954, pp. 29-47.
- H. Brunschwig, *L'Avènement de l'Afrique noire du XIXᵉ siècle à nos jours*, A. Colin, Paris, 1963, 248 pp. (dois excelentes capítulos introdutórios sobre o desenvolvimento do tráfico e a dinâmica filantrópica do fim do século XVIII).

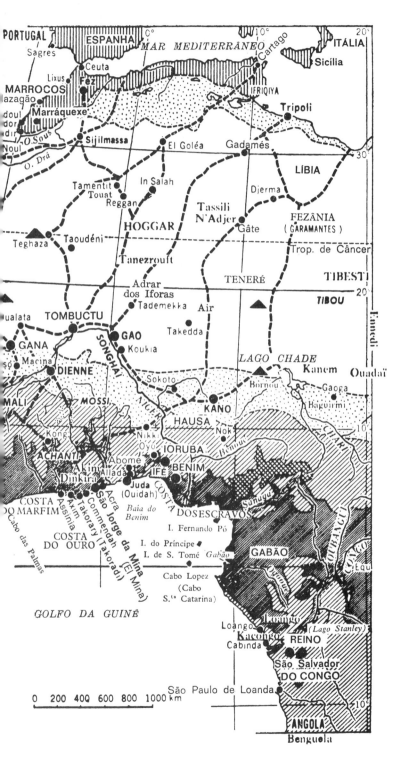

# ÍNDICE GERAL

| | |
|---|---|
| UM CONTINENTE A DESCOBRIR | 9 |
| | |
| 1. A ANTIGUIDADE OU A ÁFRICA DESCONHECIDA | 17 |
| Os Egípcios | 17 |
| Os Cartagineses | 20 |
| Os Romanos | 24 |
| *Quadro Sincrónico* | 29 |
| | |
| 2. O ISLÃO: MERCADORES E GEÓGRAFOS | 31 |
| O Nilo: Níger ou Senegal? | 34 |
| Ao assalto do deserto | 36 |
| Os reinos do Sudão | 41 |
| A riqueza do Sudão | 53 |
| *Quadro Sincrónico* | 59 |
| | |
| 3. OS PORTUGUESES OU O COMÉRCIO CONQUISTADOR . | 61 |
| Preliminares | 65 |
| A costa da Guiné | 70 |
| As desventuras de um mercador flamengo na costa da Guiné no século XV | 98 |
| *Quadro Sincrónico* | 103 |
| | |
| 4. DA DESCOBERTA À COLONIZAÇÃO (SÉCULOS XVII E XVIII) | 105 |
| Os tratados de geografia | 108 |
| O comércio | 110 |
| Os conhecimentos | 138 |
| As lacunas | 155 |
| *Quadro Sincrónico* | 159 |
| | |
| 5. A AURORA DOS NOVOS TEMPOS | 161 |
| | |
| *ANEXOS* | |
| 1. Léxico | 169 |
| 2. As Companhias com carta ou alvará | 171 |
| 3. Principais fontes impressas até cerca de 1770 | 173 |
| *Orientação bibliográfica* | 180 |